点亮艺术之眼

——伟大的博物馆

伟大的
博物馆

Ermitage San Pietroburgo

圣彼得堡
冬宫博物馆

〔意大利〕亚历山大·弗雷格伦特 编著
罗楚燕 译

内蒙古科学技术出版社

前 言

人们普遍认为冬宫博物馆的源头可以追溯到彼得大帝时期，但是这种看法并不全面。其实在沙皇时期，仅有少数人对佛兰芒画派的艺术作品感兴趣，虽然这一画派的作品非常罕见，并以怪异的形式表现出来，但这些特点却引起了他们的注意。人们会这样描述冬宫博物馆：它以收集木乃伊、畸形胎儿为乐，还强制国民要经常去这座令人毛骨悚然的博物馆参观。此外，俄国人在伏特加的催化下，并借助艺术的魅力，努力建造了这样一个机构，借以帮助那些不幸者战胜内心的苦痛。与此同时，那些神秘金器也时常在如波浪般起伏的草原上被发现，并有幸得到彼得大帝的赞赏。彼得大帝当时并不清楚，这些神秘的珠宝其实是斯基泰人和萨尔马提亚人的殉葬品，而这些殉葬品如今也是冬宫博物馆最壮观且最富有代表性的艺术品。

在 18 世纪中叶，俄国女皇叶卡捷琳娜二世正是冬宫博物馆名副其实的设计者。1764 年，这位女沙皇决定在冬宫旁边，为自己建造一座优美的退省之处，也就是所谓的隐秘居所。这个地方较为安静，主要供叶卡捷琳娜二世和一些密友欣赏那些从欧洲市场买来的画作。叶卡捷琳娜二世对绘画并不在行，但是她能在收集众多绘画作品的过程中获得极大的享受。她曾这样评价自己：“我仅仅是一个贪婪的女人，并不是一个鉴赏家。”叶卡捷琳娜二世总是很乐意把自己藏在那个隐秘居所中，她总是戏谑地说：“我去隐秘居所欣赏作品，那儿只有我跟老鼠。”这个地方只向少数朋友开放，同时还制定了许多奇怪的进出规则，例如禁止佩剑、戴帽进入此地，进入此地必须放下阶级尊卑与优先特权，特别注意别毁坏物品，必须轻声讲话，以及不允许打哈欠。违反规定者，就会被迫喝凉水，这种惩罚对于俄国人来说，是一种莫大的羞辱。据说从那时以后，冬宫博物馆不断地扩建，在叶卡捷琳娜二世的要求下，就连小小的边楼都被扩建成原貌的五倍大，所以如今的冬宫博物馆宏伟壮观，共有五座宫殿。其中，一楼是贵族楼层，一部分作为沙皇的皇宫，另一部分是古老艺术美术馆；二楼主要是希腊和罗马艺术品，还有著名的金器；三楼主要是舒金与莫洛佐夫收藏的印象主义和后印象主义的著名作品。

这些作品在俄国十月革命后被充公。然而，历史也给历代沙皇所收藏的非凡艺术品带来重创，斯大林为购置拖拉机秘密向美国出售一些印象派的杰作。博物馆的工作人员担心艺术品有流失海外的危险而忧心忡忡，最后他们建议斯大林，要他卖掉格鲁吉亚艺术品。而格鲁吉亚是斯大林的出生地，这个建议触及了他内心深处，随后斯大林下令，禁止出售该博物馆的任何艺术品。

20 世纪，在那段列宁格勒（1992 年恢复原名圣彼得堡）遭受纳粹封锁的日子里，冬宫博物馆的所有画作因为安全因素都被运离冬宫，但是这座博物馆的命运并未就此终结。导游将学生们带到遗留下来的空画框前，依旧向他们仔细解说那些画作的由来，仿佛什么事都没有发生过。其实，那是在无形中以一种高贵的方式向人们诠释：艺术可以鼓舞、帮助人们超越战争的疯狂。

据冬宫博物馆最近的精确统计，该馆的珍藏品已达两百多万件。

马可 · 卡尔米纳蒂

目　录

圣彼得堡冬宫博物馆

噢，古老的世界！在屈服之前，直到你被那甜蜜的痛苦折磨时，停下你的脚步，像俄狄浦斯一样充满智慧，在古老的谜语的指引下，面朝着狮身人面像！…… 俄国就是一座“狮身人面像”。

——亚历山大 · 亚历山德罗维奇 · 勃洛克

倘若你在游览圣彼得堡时不去参观冬宫博物馆，那么就意味着你遗漏了一个极其重要的地方，错过了了解有关俄国的历史、文化与精神的机会。这座极为重要的博物馆，在现代的圣彼得堡占据了一席之地，而圣彼得堡早在 18 世纪初就按照彼得大帝（1672—1725）的意愿，成为一座屹立在芬兰海湾的军事前哨港，随后又成为沙皇俄国的首都。那些戏剧性的事件、阴暗的悲剧，以及令人震撼的变迁，正如陀思妥耶夫斯基所定义的那样，并没有丧失它们本身的吸引力；同时，东方传统也接纳了西方巴洛克风格与新古典主义风格，使得不计其数的城市规划师、建筑师，尤其是意大利的大师们，屡次受到沙皇的召唤。此外，那些组成冬宫博物馆的宏伟建筑，都见证了圣彼得堡两百多年来作为沙皇俄国首都的种种变迁。

沿着涅瓦河的左岸，依次排列着“冬日之宫”（1754—1762）、“小埃尔米塔日博物馆”（1764—1775）、“大埃尔米塔日博物馆”（或者称为旧埃尔米塔日博物馆，1771—1787）、“新埃尔米塔日博物馆”（1839—1851）和“埃尔米塔日歌剧院”（1783—1789）。这五栋建筑物均在 18—19 世纪建成，尽管各具特色却又能在整体上相互融合，犹如一个奢华的珠宝盒，将世界上无论是数量或质量都首屈一指的精美艺术品分成八个部分：科学图书馆、古希腊艺术部、军械库、俄罗斯文化史部、古钱币部、西欧艺术部、科学技术鉴定部，以及钟表与乐器修复部。

倘若在那些豪华而富有代表性的沙龙展出非凡艺术品时，有些大厅在无预警的情况下关闭，或是有某些设备出乎意料地发生状况，

罗吉尔·凡·德尔·韦登《圣路克画圣母像》(局部)
约 1435

左图：
达·芬奇《柏诺瓦的圣母》（局部）
1478—1480

右图：
拉斐尔《康那斯圣母》（局部）
1502—1503

你不必为此感到惊讶，因为冬宫博物馆正如整个俄罗斯一样，处在一个成长与转变的阶段。

从圣彼得堡近千年来的杰出艺术品中，可以看出一个国家的悠久历史，同时也看到欧洲确实是一个拥有自身独特性的广阔博览会。因此它迫切需要与欧洲大陆加强联系，由彼得一世与他的继任者们共同致力于建造一座博物馆，能够展示欧洲文明从 15 世纪到 20 世纪的卓越发展概况。冬宫详尽而丰富的收藏，是任何想要重新寻觅西方艺术的人，一条不可或缺的了解途径。

彼得一世是佛兰芒艺术与荷兰艺术的赞赏者。而另一位推崇这类艺术的人则是叶卡捷琳娜二世，她颁布法令在冬宫旁边兴建一座静修之地。这个建筑被分成两部分，中间由一座小型空中花园将两部分连成一体，但也不乏矫揉造作之处。这个地方以“埃尔米塔日”命名，被设计成一个仅供少数密友消遣、谈话的所在，当中也有温室，培育着许多外来植物与小动物。这个地方真正开始收藏艺术品，基于一位柏林商人约翰·恩斯特·哥茨科夫斯基，他获得了 225 幅佛兰芒画派和荷兰画派的作品（弗兰斯·哈尔斯的《戴手套男人的肖像画》是这组作品中的一幅）。

1764 年是博物馆建成的年份，为了让自己的收藏能够与西方的

尼古拉斯·普桑
《有波吕斐摩斯的风景画》(局部)
1649

达官显贵相匹敌，叶卡捷琳娜二世委托她的大使与助理对藏品进行筛选与拍卖；而她的法国代理人德尼·狄德罗和弗雷德瑞克·梅尔·基奥格林，则忙着在全欧洲的各大画室与私人收藏家中搜寻艺术珍品。与百科全书派的发源地（法国）之间的特殊关系，使冬宫博物馆的历史得以长久维系，因此在该博物馆里汇集了许多极为优秀的法国作品，例如普桑、洛汉、勒南兄弟、华多、布歇与弗拉戈纳尔等人的作品，而馆藏的法国艺术家休伯特·罗伯特的作品，数量则足以傲视全世界。此外，热鲁兹是叶卡捷琳娜二世最喜欢的艺术家之一，他在法国艺术家中也极具代表性。

沙皇王子戈利岑是一位出色的大使，曾在巴黎和海牙任职，正是在他的撮合下，才使得许多重要收藏品的买卖得以成交。如在1768年获得科布伦兹的收藏作品，这批藏品中除了画作之外，还有6000幅素描。此外，戈利岑也总是夸耀他在1769年从冯·布吕尔伯爵那里取得的藏品，其中的杰作主要出自伦勃朗、鲁本斯、克拉纳赫、提埃波罗和贝洛托等名家之手。而最享有声望的一次收藏活动要追溯到1772年，当时他从一位资深收藏家（同时也是一位银行家）皮埃尔·克拉兹特那里获得400件精品，这些艺术品被收入冬宫博物馆后，有助于人们充分了解绘画大师拉斐尔、乔尔乔内、提香、保罗·委罗内塞、丁托列托、费迪、鲁本斯、伦勃朗、凡·戴克，以及其他著名法国大师的作品。在1779年，叶卡捷琳娜二世出

贝尔纳多·贝洛托《德勒斯登的新市集广场》（局部）1747

席了罗伯特·沃波尔的土地拍卖会，目的是亲自去核实霍顿庄园的整间画廊，察看当中的198幅佛兰芒画派和荷兰画派17世纪的作品。1781年，她在巴黎获得卜杜旺伯爵的一组藏品，共计119幅油画，其中最突出的是9幅伦勃朗作品和6幅凡·戴克的肖像画。这个时期“国家宝藏”尚无明确的法律定义，与此同时，大量俄国著名艺术品的输出也遭到了反对。但是无论如何，女皇与她的合伙人总是能追寻到他们所渴望的最好艺术品。

新的珍宝年复一年地增加，这也使得收藏空间不足的问题日益显现。1771—1779年间，一栋新大楼拔地而起，这栋大楼被命名为“大埃尔米塔日”，以与先前的埃尔米塔日作为区分。就在该工程建设的

弗兰斯·哈尔斯
《戴手套男人的肖像画》（局部）
约 1650

第九个年头，由于缺乏资金和空间，叶卡捷琳娜二世的收藏热情似乎变得缓和。但与此同时，她仍然着力加速该博物馆的扩张。直到 1796 年女沙皇叶卡捷琳娜二世去世，馆内藏有 3996 幅画作。而在 1774 年公布的第一个收藏目录里，共计有 2080 件藏品。

早在 1770 年，博物馆就允许部分艺术爱好者、外国游客、美术学院的学生前往参观，但是博物馆旧的体制仍在，所以它在结构和制度上还是一座皇家博物馆。1805 年，统治者将博物馆变成一个对广大民众开放的场所的构想被公之于众，而当时的卢浮宫、大英博物馆和柏林博物馆早已形成相应的制度。冬宫博物馆逐渐发展为一座皇家私人收藏馆，没有建立对民众开放的规章制度以及没有充分的自主权，要想履行博物馆的各项功能，最后还是得求助于皇帝。亚历山大一世（1777—1825），叶卡捷琳娜二世的外孙，在保罗一世（1754—1801）短暂的统治期间（1796—1801），曾采取迅速的围捕行动，又取得了大量艺术品，再次丰富了冬宫博物馆的艺术藏品。作为拿破仑战争的胜利者，亚历山大一世为了凸显他的战果，特意向拿破仑的第一任妻子约瑟芬·博阿尔内致敬，利用这种微妙的手法来影射被他打败的敌人。同时，亚历山大一世还在 1814 年购买了 38 幅曾经挂在约瑟芬居住的马尔梅松城堡内的油画。

鉴于 18 世纪大规模的购买艺术品，19 世纪博物馆趋向对艺术品进行更严格地筛选，同时也为了填补某些不足部分，并在各种画派之间寻求平衡，但这个过程中显然是荷兰画派占了上风。为了与新的鉴赏品位相一致，人们扩大对西班牙绘画的收藏，此刻西班牙绘画已超越纯粹的装饰艺术，有利于各个画派建立一种新平衡。

1850 年，有人在威尼斯出售巴尔巴里戈家族的收藏品，此举使得提香的一些作品有机会来到圣彼得堡；而荷兰亲王威廉二世所收藏的，例如同一时期的荷兰画派大师扬·普罗沃斯特和罗吉尔·凡·德尔·韦登的作品，并没有出现在此次销售活动中。与此同时，博物馆的建筑也在进行整修。1837 年的一场大火摧毁了冬日之宫，但这场火灾并没有危及小埃尔米塔日博物馆的藏品。整修冬日之宫大约花了 15 个月的时间，而这场突如其来的祝融之灾也加速了另一座全新博物馆建设工程的前期工作。这座博物馆原本就是准备用来重新放置冬日之宫的藏品的，而建立这座新博物馆的灵感，主要受到欧洲近代博物馆，尤其是柏林博物馆和摩纳哥美术馆的启发——沙皇尼古拉一世（1796—1855）在德国旅行期间，即对这两座博物馆大加赞赏。这座全新的博物馆，随后被命名为新埃尔米塔日，建于 1839—1851 年间，由摩纳哥雕塑馆和美术馆的建筑师利奥·冯·克伦泽进行设计与指导。

由于这座博物馆靠近冬日之宫，因此它优雅精美的外表与冬日之宫相当接近，同时也融入了最新的皇家元素。博物馆外部主要采用雕刻装饰，内部采用壁画与石膏浮雕装饰，每个装饰细节都是精雕细琢，朝南的门面描绘的 10 尊阿特拉斯神像，成为博物馆入口的标志性象征。1852 年，新博物馆举行落成仪式，开放 56 个具有代表性的具象和应用美学艺术品的展览厅，以迎接来自世界各地的参观者。新埃尔米塔日博物馆虽然在皇家宫廷的管辖下，但无论是收藏规章建设、藏品研究与艺术交流方面，均能够自主运作。

沙皇尼古拉一世把冬宫博物馆喻为备受宠爱的小宝贝，然而博物馆却被转让过许多次。由一个专家委员会对来自冬宫博物馆、皇

罗吉尔·凡·德尔·韦登《圣路克画圣母像》(局部)
约1435

宫和各个储藏室的画作进行评估。1854 年夏天，已有超过 1200 幅画作接受了专家的评估，其中最重要的一些作品幸运地获得了修复。尽管在整个 19 世纪到第一次世界大战是较为黑暗的时期，但博物馆还是通过收购积累了一些划时代的珍宝：1866 年，《哺乳圣母》在米兰被收购，据说这幅画是达·芬奇的作品，但这点在收藏界仍然存在争议；1870 年，拉斐尔的作品《康那斯圣母》在佩鲁贾被收购；1915 年，达·芬奇的作品《柏诺瓦的圣母》在圣彼得堡被收购。此后，最为重要的一次收购活动，是 1915 年从俄国探险家西蒙诺夫·天·山斯基那里，博物馆获得一批佛兰芒画派和荷兰画派的重要艺术藏品。此外，向博物馆捐赠或转让收藏品的惯例，也源自沙皇王子戈利岑在 1886 年的举动，后来圣彼得堡的收藏家阿列克谢·希特罗渥捐赠的遗产中，包括许多 18 世纪英国著名绘画大师的肖像画，其中最著名的作品是托马斯·根兹勃罗的《蓝色夫人》。在十月革命以后，通过征用、没收等手段，使博物馆的藏品大规模增加。

在埃尔米塔日宫殿内陈列的藏品以及其他私人藏品，都被宣告为国家资产，王公贵族和莫斯科实力雄厚的中产阶级家庭的收藏品，源源不断地流入郊区最好的皇室博物馆。莫斯科西方现代艺术国家博物馆，在二十世纪三四十年代被拆除后，收藏家舒金和莫洛佐夫藏品当中的法国绘画被迁移到列宁格勒，这两位顶级水平的收藏家享誉世界。舒金原藏有马蒂斯的《对话》，而莫洛佐夫则将马蒂斯引介到莫斯科安排展出他的《舞蹈》，他们共有 37 幅藏品收藏在冬宫博物馆，其中不乏数量可观的毕加索代表作品。博物馆内也收藏了印象派大师高更、塞尚、梵高的作品，这些作品曾经只是属于某个家族，如今却吸引了大批的欣赏者。

站在一系列杰出的作品前，每一位参观者都不得不被伟大艺术之美所征服，人们从中可以得到心灵的慰藉并学会感恩。尽管会在时光流转中遭遇兴衰变迁，但是冬宫博物馆用它坚固的高墙抵御岁月的侵蚀，完整地保存着艺术品所传递出的美好与文明。

圣彼得堡冬宫博物馆

主要馆藏

罗伯特·康平

《三位一体及圣母与圣婴》约 1430

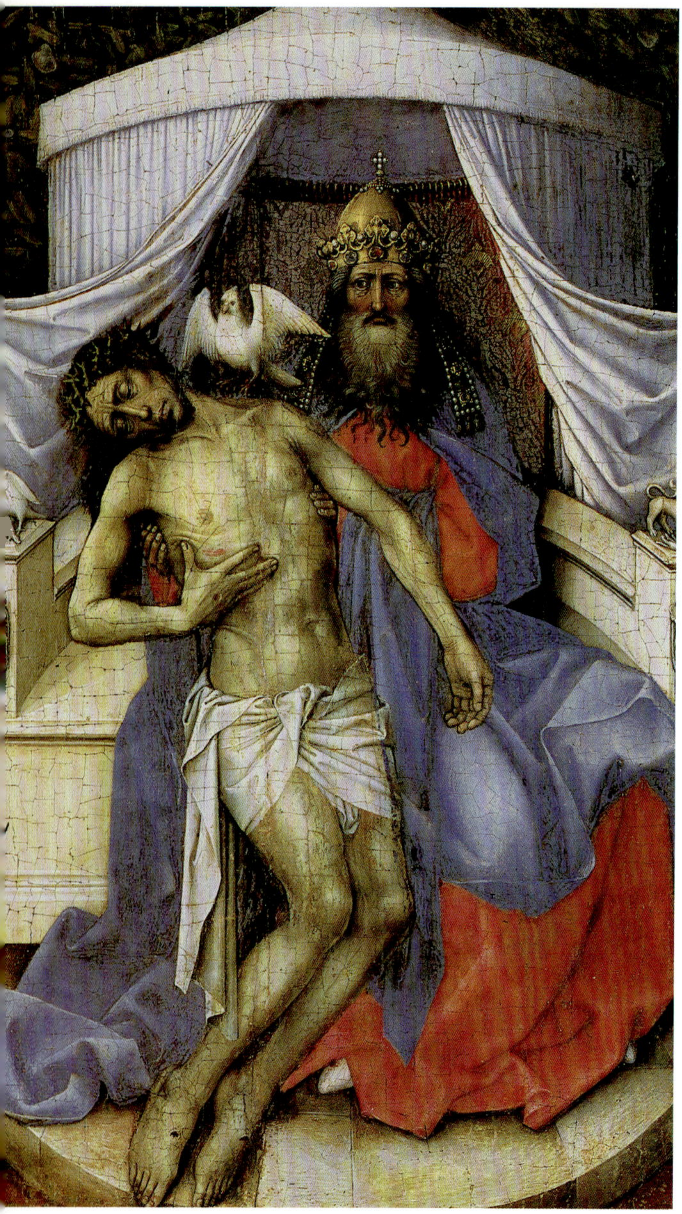

作品中对人物的处理，线条清晰、色彩鲜明，使得整个画面立体感十足。与立体雕塑有一些相似性，也证明了当时的画作受到哥德式雕塑的影响，当时的画家也会从事为雕塑品着色的工作。

罗伯特·康平于 15 世纪上半叶在图尔奈（比利时）的一家画室担任画师，曾被许多学者冠以“佛兰芒大师”的称号，他的一些画作被认为是佛兰芒画派早期的代表性作品，其中也包含了文艺复兴元素，他也主张自然主义的绘画手法。《三位一体及圣母与圣婴》为一幅可拆合的双联画，主题围绕基督教的两大支柱精神：通过耶稣的诞生、受难、死亡与复活，表现出耶稣降世为人与拯救苍生的精神。在画作中，通过典型的佛兰芒画派的手法来重申基督教义，主要作用是对日常生活中的具体事物加以象征意义的修饰，使其更具有超凡脱俗的精神。

在画作中，耶稣小而苍白的躯体依靠在宝座旁，被一位庄严肃穆的神父搀扶着，内容来自富有寓意的基督教传统思想与伦理道德，中世纪时这样的画面在许多雕塑与袖珍画作中都可见到。画面上，鹈鹕在左，母狮在右，用来表现基督教堂和犹太教堂，每个人都低头，暗示着圣餐与复活。

木板油画
34.3cm×24.5cm
1845 年由德·塔吉舍夫收藏于圣彼得堡

巨大壁炉里，火正在燃烧，仿佛能感受到它的热力，玛利亚将右手掌靠近火焰，轻柔地将温热的掌心放在圣子身上。油画的绘画技术被北欧艺术家们加以改进和推广，也允许通过一些高明的技巧，为作品增添带有颜色的薄层，以获得非凡艺术魅力的拟态效果。

圣母与圣婴构成亲密而富有诗意的画面，三位一体并没有表现出粗糙与浮夸的特点，描绘的是耶稣幼年时期的片段，整幅作品使人物置身于 15 世纪典型而舒适的北欧室内环境中。艺术家选用的冷色调非常珍贵，在色调清晰度与生动性的对比下，伴着柔和的阴影，向人们传递着色彩鲜明而真实的感受。作品表面展现在触觉上的重量，连同细致入微的描绘，使得佛兰芒画派特色鲜明，作品中表现出的透视扭曲，几乎没有引起人们的注意，而这种表现形式也创作了“翻转望远镜”所带来的视觉效果。

作品中，木板窗是打开的，根据绘画中的透视法，地面和脸盆都不规则地缩短了一些，凸显出圣母玛利亚的高大身躯，同时也增添了对衣褶的修饰，进而强调作品的中心人物圣母玛利亚的衣褶散得很开，占据画面的大部分区域。作品中也包含整个家庭生活的一系列象征物，例如脸盆、水壶，挂在右边墙上的洁白毛巾用来暗示圣母玛利亚的圣洁。

罗吉尔·凡·德尔·韦登

《圣路克画圣母像》约 1435

油画，从木板转移到画布
102.5 cm × 108.5 cm
1850 年右半部被荷兰亲王威廉二世收藏于海牙
1844 年左半部被布赫侬委尔收藏于巴黎

圣人路克曾经画过圣母玛利亚，因此被奉为画家的守护神。凡·德尔·韦登被选为布鲁塞尔画家工会的画师后，就奉命完成供奉圣人路克圣坛上装饰屏的绘画工作，此地也被命名为绘画职业工会的小圣堂。

罗吉尔·凡·德尔·韦登是罗伯特·康平最重要的弟子，在其作品中，佛兰芒的自然主义使作品的精神层面与情感层面更加丰富，让画面中的人物与周围空间建立起一种稳定的联系，充分表现出应有的情感。

这幅作品画面被设置在一个开放式连向拱廊的房间内，拱廊外有一座空中花园向外延伸，同时利用透视效果表现出一条蜿蜒曲折的河流，仿佛在整个画面中撕开了一个大裂口。房间里的前景中，圣人路克拿着纸笔描绘正在哺乳的圣母，圣母玛利亚面容温和、神情专注，圣婴也面带微笑。

在画家和圣母间，各自衣褶的色调相差较大，同时呈现出平滑的弯度；而在后景中，拱廊外的两个人物背对着房间，两人靠近的姿势使人联想到他们正专注地进行亲密的对话，或许正注视着眼前那无限向外延伸的世界所呈现给他们的精彩景象。

木板胶画
28 cm × 51.1 cm
1917 年藏于冬宫博物馆

菲利普·利皮

《圣奥古斯丁显灵》1450—1460

这幅作品所描绘的场景，既非真实的也非具体的。圣奥古斯丁的写字台被放置在户外，朝向一片满是丘陵而荒芜的风景。画面中，圣奥古斯丁张开手臂，试图让这种梦幻的场景变得有可触性，同时，小孩也是三位一体的象征，他向右边探出头来，张望着圣奥古斯丁。

这幅《圣奥古斯丁显灵》可以推测出是圣坛装饰屏下半部的绘画，是佛罗伦萨文艺复兴前期最具代表性的绘画大师菲利普·利皮的杰作，作品寓意丰富。这位绘画大师的一生极富浪漫色彩，虽然立誓成为一位修士，却爱上了一位年轻的修女，从而打破誓言，这位修女正是他描绘的圣母玛利亚的原型。

这幅作品采用的肖像题材主要形成于 15 世纪，源自一种传说，主要围绕着对三位一体的神秘而展开的思考，画面中一名小孩正用海螺壳将海水倒入坑洞，此时圣奥古斯丁显灵，出现在小孩面前。显而易见，这并不可能出现在现实的画面中，而是要借此来表现一种人类的普遍心理，即想要揭开天主的神秘面纱。菲利普·利皮采用亲切和蔼的方式，手法收放自如，将神圣的场景转变为具有抒情格调且包含深厚人文主义的景象。

达・芬奇

《柏诺瓦的圣母》1478—1480

油画，从木板转移到画布
49.5 cm × 33 cm
1914 年由柏诺瓦收藏于冬宫博物馆

圣母与圣婴的肖像画，在达・芬奇众多的素描与油画中得以持续发展，尤其是在 1480 年，达・芬奇顺利完成在佛罗伦萨的学徒生涯后，在尝试与磨炼中展现出才华。1478 年，他完成一幅著名的亲笔画，起初他描绘两位圣母玛利亚，其中一位可能就是柏诺瓦的圣母，这样的命名来自作品最后的所有者，虽然国外很多收藏家想出高价收购，但这幅作品的拥有者还是选择将它割爱给冬宫博物馆，以避免这幅杰作离开俄国。而这幅画是如何来到这个国家的呢？其中的实情并不十分清楚，但是有一种说法认为，这幅画是一个马戏团装饰场景中的一部分。

达・芬奇的作者身份直到 20 世纪初才获得欧洲最权威学者们的支持，如今已经得到业内外人士的一致认可和接受。对光影的精妙处理，让画面轮廓的颜色呈现出渐渐变淡的效果；采用独一无二的技巧，为画面中的人物增添活力感，这毫无疑问是大师的典型绘画手法；对画面布局进行合理调整，类似的手法在他后来的作品里也可以看到。这幅作品中，圣母玛利亚是一位非常年轻的少女，圣婴则与圣母交织着双手和眼神，进而构成一幅和睦的画面。圣婴手中的花，分散了圣母的注意力，而四片花瓣也暗示着未来耶稣在十字架上的受难。

达·芬奇

《哺乳圣母》1490—1491

胶画，从木板转移到画布
42 cm × 33 cm
1865 年由丽塔家族收藏于米兰

冬宫博物馆在展出《哺乳圣母》时，并没有将这幅作品归在达·芬奇名下，而关于这幅作品的归属问题，仍然有许多学者存疑，但毫无疑问的是这幅作品具有极高的艺术价值，可以肯定它不是出自达·芬奇的学生之手。在达·芬奇初次居留米兰期间，他深深地影响了当地许多艺术家，而这些艺术家就是所谓达·芬奇的追随者，他们通过各种方式学习、模仿、研究大师达·芬奇的艺术风格。

这幅油画创作于米兰，当地迷人的气候条件为艺术家带来灵感，让作品充满创作热情，而这幅作品正是绘画大师勇于尝试的优秀成果。在卢浮宫藏有一幅达·芬奇的素描画，描绘的是一名女子的头部，在很多表现手法和角度上，都表现出该画作与《哺乳圣母》有着密切的关系，犹如这幅画的预备工作。由此看来，可以认定这幅《哺乳圣母》是达·芬奇的画作。

与《柏诺瓦的圣母》相较，可以观察到，《哺乳圣母》画面中的人物与背景呈现出较为明显的分离状态，这是采用了明暗对照法而产生的效果，虽然当时这种绘画手法还不十分普遍。画面中光影浮动，打在圣母的脸庞上，在隐隐约约的轮廓上也不乏光影交错的表现，整个画面呈现出十足的活力，同时，三维效果的处理也使整个画面更加立体，仿佛可以触及。画面中，圣婴的眼神转向画框外的某一点，这是对观者的一种召唤，观者会被这种不可抗拒的召唤吸引到画面里，进入神圣的意境，与这幅神圣的画作进行直接的沟通。

乔尔乔内

《犹滴》1495—1500

油画，从木板转移到画布

144 cm × 66.5 cm

1772 年由法国艺术收藏家克拉兹特收藏于巴黎

这幅画作原本是用来装饰家具上的一扇门的，是乔尔乔内为数不多的一件作品，这位绘画大师的艺术生涯短暂而充满光辉。这幅画作描绘的是《旧约全书》里的一位女英雄，人物体态健美、生动鲜明，并细腻刻画了她在静静沉思时的优雅情态。画面中，女英雄正略带困惑地注视着敌人被砍下的头颅，这颗头颅被她踩在脚下。女胜利者有些羞怯，在一片绿色景观背景中显得格外突出，这得益于她身着鲜红色的长袍，而这做工讲究且颜色光鲜的长袍，在弯曲的衣褶中透露出精致之美。

乔尔乔内是一位充满活力的绘画大师，在同时期的大师中，他那非凡的艺术敏感性前所未有。他把关注的焦点集中在犹滴为人民消灭敌人的结果、心理和情绪方面，而不是集中在具体行动上。画面中，周围的环境氛围与犹滴的精神状态相一致：画面后一棵壮硕的大树，可以衬托出她坚强的意志；身边的草木仿佛发出沙沙声，暗示她可能不安的情绪；薄雾笼罩着远处的山，微风吹拂，薄雾渐渐散去，也缓缓吹散了笼罩在犹滴心头的不安。

犹滴的肖像画是威尼斯画派的一大创新，这个富有代表性的女性形象，在15世纪晚期只出现在雕塑中。她消灭了犹太人的敌人，使得公民的美德更加具体化，尤其是在威尼斯共和国边疆遭到众多威胁与恐吓的艰难时期，这位女英雄的勇敢之举得到了人们的喝彩与歌颂。乔尔乔内画出这位女胜利者健美的体态，面对强权专制，她毫无疑问是位光荣的胜利者。

她右手扶着一把金属打造、闪闪发光的宝剑，手柄部分被精巧地雕刻过，似乎没什么分量，只是一个珍贵的装饰品；左手则从长袖中露出，显得无精打采，与之相呼应的是，她的大腿也从裙子那长长的开衩口露出来，踩在一个令人毛骨悚然的战利品上。

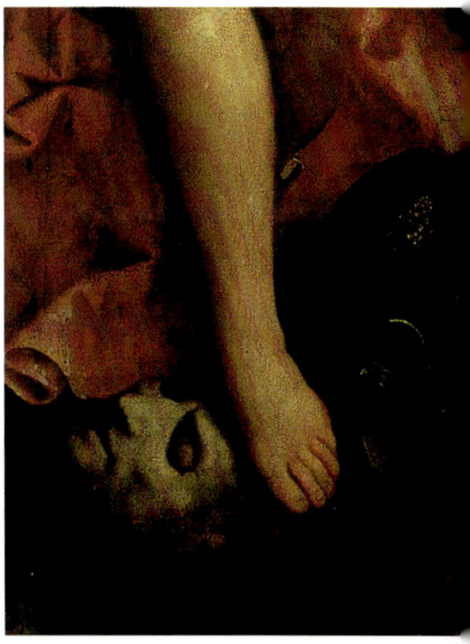

旁边矮墙投射的影子，让荷罗孚尼的头颅显露无遗。荷罗孚尼是亚述人的军队司令，曾经围攻犹太人的伯图里亚城，在犹滴介入后被击溃。

他那张铁青色的脸已经僵硬，但仍然透露出凶狠与傲慢。对画面中荷罗孚尼脸部的处理，只有轻微的涂抹，没有太多的修饰，这也预示着这位艺术家在以后的作品中采用这样的绘画手法。

拉斐尔

《康那斯圣母》1502—1503

胶画，从木板转移到画布

17.5 cm × 18 cm

1870 年由斯塔法的治安官须彪尔内收藏于佩鲁贾

拉斐尔在 20 岁时完成了这幅作品，创作灵感受到他的老师佩鲁吉诺所绘的作品《拿着石榴的圣母与圣婴》的启发。1881 年，当那幅《拿着石榴的圣母与圣婴》原画从木板转移到画布上时，人们才发现，在原画上圣母交给圣婴看的不是书而是水果，而这种水果是耶稣受难的象征物。拉斐尔的作品并没有改变作品本身的主旨，依旧围绕着传统主题，表现出文雅而简约之美。

画面中，不论是对圣母双肩的弧度、头部的处理，还是对抱着圣婴的手的描绘，都与圣母所穿的披风轮廓形成一贯的流畅性，整个画面圆润而饱满。周边画框上错综复杂的奇异装饰图案，在 16 世纪前期非常流行，这种装饰风格也被拉斐尔在创作中采用，目的是为了突出画框内切圆中图案的精巧。整个画面以圣母与圣婴的神圣组合为基础，透过对人物姿态惟妙惟肖的描绘，可以巧妙地吸引观者的目光。

这是典型的圣母玛利亚的形象，双目低垂、神情温和，同时她也在沉思，这样的人物描绘反复出现在拉斐尔的作品中。拉斐尔在处理圣母与圣婴的绘画题材方面技法纯熟。他也是文艺复兴鼎盛时期最著名的绘画大师之一，与几个世纪以来的艺术家们相比，拉斐尔的创作主要是强调对经典人物的塑造。

在这幅画中，拉斐尔将画面的大部分面积留给了两位主角，人物的轮廓鲜明，集中在画面的前面部分。

拉斐尔也布置了一个极为广阔的背景，线条流畅，景观描绘得细致入微，各处细节也充满美感，这与15世纪绘画的叙事潮流一致。

这幅神圣画面所表达的深刻寓意，在自然环境中得以传播扩散，使得那覆盖在远山上的白雪开始融化，春天的光芒也随之闪耀。这些都让人回忆起圣母玛利亚的智慧与美德。

圣婴的脸部与圣母脸部的倾斜度相吻合。尽管圣婴的年纪尚小，但他的双眼却专注地盯着那本书，也正是描绘耶稣受难的那一页，圣婴明白其中的寓意，他等待着，也做好了准备迎接那一天的到来。

老卢卡斯·克拉纳赫

《维纳斯与丘比特》1509

油画，从木板转移到画布

213 cm × 102 cm

1769 年由冯·布吕尔收藏于德勒斯登

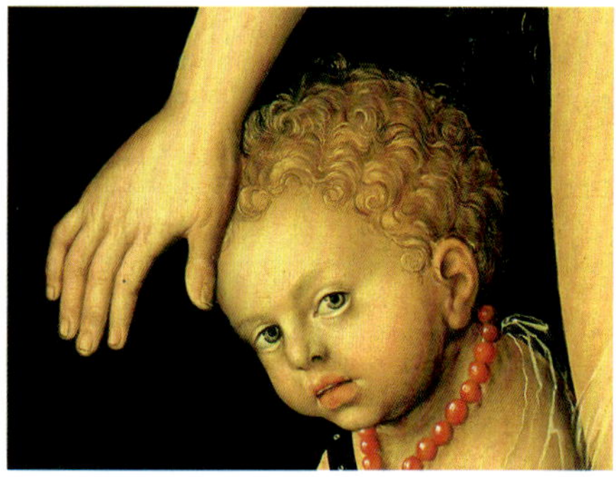

维纳斯伸出手臂，正要阻止丘比特射出他的箭。爱神丘比特脖子上佩戴的红色珍珠项链是整个画面唯一的亮色。

画中描绘的美神维纳斯向人们展现了理想中的女性之美。这幅作品出自16世纪萨克森地区画派最重要的艺术大师老卢卡斯·克拉纳赫。他出生于1472年，1505年到维滕贝格，开始担任萨克森地区御用的宫廷画师之职。1508年克拉纳赫对他的贵族徽志进行修改，采用带翅膀的蛇作为象征性徽章，这也成了他自己画室的标记。画作中，美神维纳斯仿佛是一尊有鲜活色彩的塑像，这也让人联想起希腊神话雕刻家皮格马利翁所创作的雕塑作品，美神的裸体绘画手法自然、体态匀称，这样的绘画内容与形式，在当时的宫廷极为流行。

这样一个众所周知的优美神话人物主题，在许多意大利艺术大师的笔下，总会明显地加入情色元素，而采用道德说教式的绘画表现，就会与其他意大利艺术大师的表现手法产生碰撞。美神裸露的躯体一览无余，在她双肩的后方书写着一串拉丁文，这些文字在告诫着爱神丘比特——倘若不想被美神折磨，就得退后。

布面油画
103 cm × 87.5 cm
1925 年由尤苏波夫收藏于圣彼得堡

科雷吉欧

《贵妇人的肖像》约 1519

画面中托盘的边缘，刻着三个希腊文字，是关于奥德赛的一个片段，该片段讲述的是艾莲娜调制了一种酒，在里面加了具有镇定作用和催眠效果的药物，想减轻自身的痛苦。

在这幅肖像画中，女性人物端庄高贵，并拥有谜一般的身份，是科雷吉欧最出色的一幅作品。画中的贵妇人坐在月桂树的树荫下，身穿褐色衣服，还穿了一件方济各第三会修女的无袖修女服，可以看到托盘正放在她的双膝上。常春藤沿着树干往上爬象征着永恒，同时托盘边缘写着“可以消愁、忘忧的药”，也就是说，盘中的酒水可以让人忘记痛苦。

根据以上这些线索，可以确定画中所描绘的贵妇人名叫维罗妮卡·甘巴拉，是吉贝尔托的妻子，她在 1518 年成为寡妇，而她还是当时最著名的女诗人。因此，这幅肖像画是向这位文坛女诗人致敬，同时，也让人们认识到女性不再只出现在文坛的次要位置。在树干的左侧写着“Anton. Laet”，这是科雷吉欧采用古典文学语言的签名。随后不久，他便回到了罗马，受到了绘画大师拉斐尔和塞巴斯蒂安诺·德尔·皮翁博作品的深刻影响。

安德烈亚·德尔·萨尔托

《圣母、圣婴和圣人》1519

油画，从木板转移到画布

102 cm × 80 cm

1814 年由收藏家约瑟芬·德博阿尔内收藏于莫梅森

圣婴脸上洋溢着笑容，仿佛能听到他那银铃般的笑声，这是整幅作品的支撑点，场景中所表现出的美妙，由此向外延伸扩散。其中，人物形象温和，画面清晰透彻，也显露出作品受到达·芬奇的影响，安德烈亚·德尔·萨尔托细心学习、钻研，成为 15 世纪前期最著名的色彩画家。

在这幅作品中，安德烈亚·德尔·萨尔托在处理圣人之间的对话时，展现出典型的佛罗伦萨派画风，画中的人物形象相互影响，整个画面在内容表现以外，还增添了一种独特的内省空间，以一种全新且富有说服力的方式来诠释人物间的动态关系。画面中两位母亲——圣母玛利亚和伊丽莎白正在亲切地交谈，几乎忘了她们的孩子，尽管如此，她们还是细心地保护着孩子们，并把他们抱在身前。圣约翰的纸带掉在地上，他手指所指的方向正引导观者的目光，可以读到这样的信息：“看那上帝的羔羊（耶稣）。”

命运让这两个孩子紧紧相连，画中两个孩子充满朝气，有着旺盛的生命力，脸上洋溢着无尽的欢乐。圣卡特琳娜坐在靠墙另一边，也留心照看着眼前的情景，她正为那些忠诚者向圣母寻求帮助。这幅画也通过圣卡特琳娜的行为举止，表现出作品的主题与内涵。圣母的一只脚依靠在齿轮上，这齿轮是象征她丈夫的特殊工具，画家亦在此署名。

布面油画
96 cm × 116 cm
1773—1785 年由范布伦收藏于安特卫普

洛伦佐·洛托

《夫妇肖像》1523—1524

这幅典型作品充满了洛伦佐·洛托的绘画要素与象征性特点，好几代学者投入大量的精力对这幅作品进行辨认分析，但这幅作品为何描绘双人肖像，仍没有一个明确的解释。唯一可以确定的是，画面中描绘的是一对夫妇，但不确知这幅画的用途为何，因为这不像是为庆祝结婚而作。

画面中，妻子抱在怀中的小狗象征忠诚，而依偎在桌子上的松鼠则引起多种解释。丈夫的左手展示一张纸，上面写着“没有这样的人”；妻子身上穿的衣服与当代的风俗形成显著对比，一身浅蜡色显露出一丝鬼魅之感，她所坐的位置高于她的丈夫，而这名丈夫的眼里正噙着泪水。从那行字可以推测，画中的男人不会像那只松鼠一样，在睡梦中忘却生活中的悲剧。所谓生活中的悲剧可以理解为丧妻之痛，因此，可以将这幅画认定为一名悲痛欲绝的鳏夫纪念他死去妻子的作品。

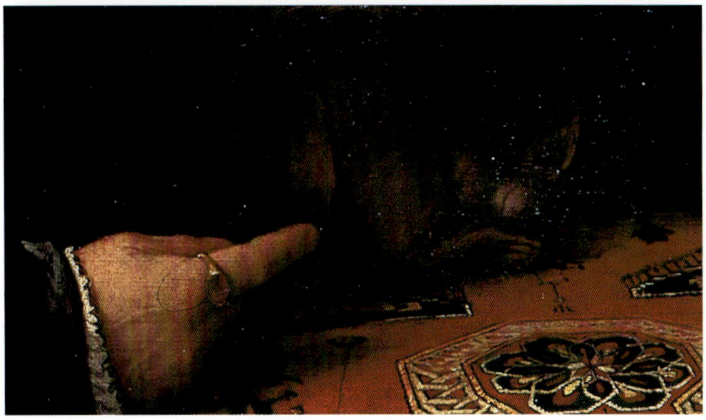

松鼠在道德层面上有一层含义，同时它也象征着情色，在画中，男人已经声明不会向它屈服。而松鼠形象所包含的消极含义，来自一段中世纪的传说，依据这个传说，在冬天缺乏食物时，松鼠会从巢穴里出来跟踪女人，而松鼠也代表着勤俭持家、善于积蓄的美德。

扬·普罗沃斯特

《圣母荣光》1524

油画，从木板转移到画布

203 cm × 151 cm

1850 年由荷兰亲王威廉二世收藏于海牙

这是一幅装饰屏画，用来装饰圣多纳廷主教堂里供奉先知丹尼尔的圣坛，所选取的人物肖像，是在 16 世纪上半期于布鲁日广泛流传，即圣洁的天主之母。16 世纪 70 年代，在遭受反对崇拜圣像者的凶猛劫掠时，这幅作品被藏在一面墙壁内，渐渐被人遗忘，直到 1795 年法国人拆除主教座堂后，才让这幅作品重见天日。扬·普罗沃斯特是个多面的艺术家，他有极高的艺术敏感性，在艺术创作上受到多方面的影响与熏陶，尤其是佛兰芒派艺术家、德国艺术宗师杜勒及意大利文艺复兴艺术家的影响。

这幅作品在构图上采用哥德式造型，在人物的布局上更加突出哥德式的艺术形态。在画面上方，中心人物高高在上、脱离人间；舞台前部的两侧各绘有两名高大人物，两组人物的下方还绘有半身画像，以及向后方远处延伸的风景；在画面下方，三位先知和三位女祭师宣告圣母玛利亚和圣婴的到来。画面中的一切都向圣母汇集，人们通过多种形式，围绕圣母升天、圣母加冕等主题颂扬圣母玛利亚。

圣母玛利亚位于整个圣坛装饰屏的中央，在画面中显得非常突出，目的是为了表现圣母玛利亚的重要性。

圣母被耀眼的光芒环绕，足踏一轮新月，身旁有两位演奏音乐的天使相伴，此时，一只圣灵鸽正要将桂冠戴在圣母的头上。在装饰屏的顶部，天主从云层中探出头来。

一位留着长胡须的男性正跪在地上弹竖琴，他就是大卫王，同时也是一位先知、赞美诗的作者，圣婴诞生于他的家族，大卫王正是这个家族的创始人。大卫王的对面是另一位君王——奥古斯都大帝，在他统治时期，圣婴诞生了，画面中他拿着令牌和王冠。

画面正下方的一位少女，正在阅读纸片上的文字，她是波斯的女祭师。就像画面下方其他被描绘的人物一样，这个处于人间和上天的人物，身穿与作者同一个时期的服装。

佛兰芒画派与荷兰画派中常出现女祭师形象，并使这样的人物与他们所推崇的经典文化相互协调一致，主要是借用了意大利的绘画艺术。

米开朗琪罗

《蹲着的男孩》1530—1534

雕像，材质为大理石
高 54 cm
1851 年收藏于冬宫博物馆

这座雕像最近才被认定为出自米开朗琪罗之手，属于梅第奇家族，梅第奇家族是米开朗琪罗艺术事业最早的赞助者。这件作品先被理德·布朗购得，又辗转来到圣彼得堡的美术学院。1851 年，这件艺术品才被收藏于冬宫博物馆。此外，这件艺术品还与大英博物馆的一幅素描画有关。这是米开朗琪罗学派为佛罗伦萨教堂中圣洛伦佐的圣器收藏室和梅第奇家族墓穴最初的设计项目，在那幅素描草图中，有两个放置在壁龛的人物形象与这座雕像很相似。根据《蹲着的男孩》的艺术风格，可以将作品的创作时间再往前推，大约在 1530 年至 1534 年间，当时米开朗琪罗已经放弃包括墓穴圣堂在内的创作项目，而打算雕刻一件单独的艺术作品。

这件作品所包含的寓意，坚持了作者的创作本意，作品可以看作一件丧葬雕刻，与葬礼圣堂内的其他雕塑品有重要关联。雕像或许是为一位年轻天才的葬礼而预备的，抑或是为两个埋在圣器收藏室里的公爵，这两位公爵一个是武士，另一个是囚徒。如果将这个姿势放回到古代，确实能够更精准地还原表现形态所隐含的动机，而这件作品留给人们的印象是人物被压迫，并蜷缩着身躯，在肉体和精神上都展现出非凡的现代性。

卢卡斯·凡·莱登

《治愈杰里科的盲人》1531

油画，从木板转移到画布
中间画板：115.7 cm × 150.3 cm
两侧画板：89 cm × 35.5 cm
1772 年由克拉兹特收藏于巴黎

这套三联画，色彩鲜明，人物形象光彩夺目，是冬宫博物馆内收藏众多的作品中，唯一一幅出自荷兰绘画大师卢卡斯·凡·莱登的作品，他是一位非常有才华的色彩画家、绘图师和讲述者。这幅作品的中间部分描绘的是传播福音的故事，而两侧的画面则描绘了委托作画的人及他的妻子，他们都在炫耀各自的徽帜。这幅三联画很可能是要被安置在莱顿的医院里，这与作者选择的“耶稣帮助一位盲人复明”的创作主题相一致。

这幅作品所描绘的场景受到意大利艺术的影响，在三联画的中央部分，一位盲人由一名小孩陪同，耶稣出现在他们的面前，这是该作品重点描绘的部分。他们被惊奇的人群包围着，分别在对称的两边，为画中主角留出足够的空间，好让观者一目了然。当旁观的人群看到耶稣让盲人复明的奇迹发生时，做出了惊讶、夸张的动作，同时也表现出他们的纯真。

卢卡斯的作品，通过印刷传播广为流传，他的确是一位出色的画家。这幅三联画主要描绘神圣的片段，尽管三块画面有不连贯处，但作品本身还是令人赞誉不绝，在意大利也广为人知。北欧绘画的一大特点就是对色彩进行分区，这幅作品中主要分为三个色彩区域：褐色（画面前部）、深绿色（五棵石梓）与蓝绿色（背景以及远山、建筑物）。

马腾·范·赫姆斯科克

《耶稣受难图》约 1543

中间部分由木板转移到画布，两侧为布面油画

中间画板：100 cm × 58.3 cm

两侧画板：100 cm × 28 cm

1811 年多米尼克·费凡特·德隆购于巴黎

1532 年起，赫姆斯科克在罗马居住了大约四年时间，为自己成为透视风景画家的身份打造出了良好的声誉。赫姆斯科克同其他的北欧画家一样，对罗马教皇所在的城市着迷，特别是被罗马众多的古代遗迹深深吸引，而这些遗迹也见证了赫姆斯科克描绘罗马废墟、风景和古老雕塑的草图及素描，数量超过百件。在罗马，他与拉斐尔、米开朗琪罗以及其他艺术家的作品进行交流，这段绘画经历让他记忆深刻，即使后来回到了祖国也难以忘怀。

这套三联画原本是一扇拱门的顶饰，作者巧妙地将佛兰芒画派的传统与从意大利吸收的新颖之处互相融合。画面中，对于躯体力量与活力的表现，显示出作者熟知米开朗琪罗的艺术手法；而细节的刻画与场景的布局则源自佛兰芒画派。这意味着北欧艺术家的技法也传给了意大利的艺术家们，赫姆斯科克成了两种艺术传统交融的代言人。

背景中可以看到部分耶稣受难的骷髅山，整个画面笼罩在悲剧性的阴霾中。那些长矛集体指向耶稣，十字架上的耶稣在整个画面中尤其突出，虽然他低着头，但是他的灵魂并没有被死亡击败。赫姆斯科克对救世主这种英雄形象的处理手法，是他在意大利时从文艺复兴的大师们那里所学习到的。

就在耶稣死去的那一瞬间，伴着日食突然出现，天空变暗了，也描绘出福音叙事过程中的各种瞬间，例如一名士兵手持长矛刺向耶稣的肋骨，伤口处流下了鲜血和水。

画面中，两位委托制画的夫妇捐赠者带着孩子，还有两位女守护神陪伴在左右。在他们的后方，左侧有邪恶的强盗在造反，右侧的强盗则低着头忏悔。虽然画中人物众多，但从整体来看，这幅画的简约结构值得赞赏。

提香

《达娜厄》1546—1553

布面油画
120 cm × 187 cm
1772 年由克拉兹特收藏于巴黎

提香曾多次以神话人物达娜厄为作画主题，这样的画像在当时的欧洲宫廷极为流行。文艺复兴时期，关于达娜厄的相关典故还没有达到众所周知的地步，这对于艺术家的创作来说是一项挑战。达娜厄是国王阿克里西俄斯的女儿，国王一直对她宠爱有加，但是某天一位先知者预言国王将死在他未来外孙的手上，为避免预言成真，阿克里西俄斯把女儿达娜厄关进一座铜塔。后来，天神宙斯经过时爱上达娜厄，他化身成金雨水，来到达娜厄的身边。最后，达娜厄为宙斯生下希腊神话中的英雄帕修斯。

冬宫博物馆内的《达娜厄》与提香在1554 年为西班牙菲利普王子的创作非常相似，因此这幅作品曾被许多人认为是复制品。西班牙的那幅《达娜厄》是奥塔维奥·法尔内塞订制的，画像中达娜厄的身旁还有一个贪婪的人，画像曾收藏于马德里的普拉多博物馆，现在则收藏于那不勒斯的卡波迪孟德博物馆。

画面中，一名女仆正在用她的围裙收集从天而降的金雨水。一方面，女仆的形象与达娜厄的年轻美貌形成强烈对比；另一方面，也凸显出女仆在奇迹出现时的贪婪表情，而身困铜塔的达娜厄也渴望着救世主的降临。

丁托列托

《施洗者圣约翰的诞生》1554—1555

布面油画
181 cm × 266 cm
1772 年由克拉兹特收藏于巴黎

丁托列托想将自己的绘画创作，建立在米开朗琪罗的构图设计和提香的着色基础上。从《施洗者圣约翰的诞生》表现形式上的各种元素来看，可见作者充分掌握诸位绘画大师的绘画秘诀，能够合理表现出作品的强烈视觉效果，使作品能够恰当地展现出丰沛的生命气息与纯真。同时，作者的绘画笔法迅速而大胆，在构图设计上技艺精湛，这两方面都是作者画风的典型表现，使作品呈现出双重魅力。

1530 年，罗马及托斯卡纳地区的矫饰主义文化向威尼斯发展，丁托列托也从中吸取了经验，在创作中应用生动韵律的构图，将作品中的人物标准尺寸适度拉长，并加以适度的矫饰性弯曲，以展现出优雅的姿势。

该作品场景所依托的情节，在人物活动中充满柔和的对比，显示出画家对矫饰主义的应用十分纯熟。对家庭环境题材的爱好，是画家艺术敏锐性的重要组成部分，他能够将现实主义的描绘手法应用在家庭生活的细节里，让艺术创作与现实生活处于同一时期，并带给观者特有的日常生活感受。

圣伊丽莎白在她老年时生下儿子，画面中，年迈的伊丽莎白躺在床上，她儿子从乳母那里喝到第一口奶水。画面场景是在卧室内，从室内的布局和装饰可以看出，这是16世纪威尼斯富有人家的住宅。

从这幅作品中我们可以看到，那位怀抱新生儿的女子头上有一圈象征圣人的光环，因此可以断定她是圣母玛利亚，她出现在表姐伊丽莎白的分娩现场，而伊丽莎白就是施洗者圣约翰的母亲。

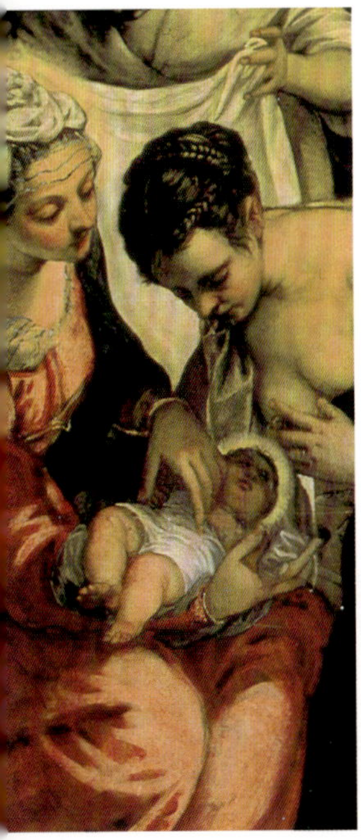

画面底层的物品和动物都有着鲜明的象征意义：空着的铜盆，暗指圣约翰未来的施洗者身份；小公鸡报晓，就像圣约翰宣告救世主的降临；而猫咪则相反，象征死亡；脸盆里装着烧焦的动物骨头和灰烬，是用来净水的，这与后来施洗者圣约翰的殉难有关。

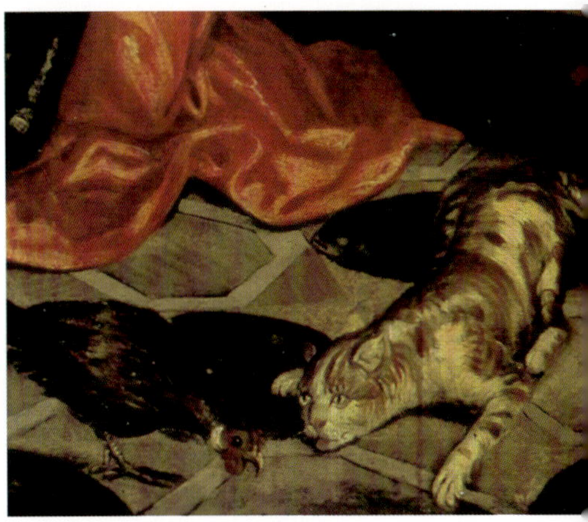

提香

《圣塞巴斯蒂安诺》约 1570

布面油画
210cm × 115.5cm
1850 年由威尼斯的巴尔巴里戈家族收藏

这幅《圣塞巴斯蒂安诺》是提香在绘画生涯的最后十年间所创作的，一直放在他的画室内，直到他在 1576 年去世。这幅作品连同提香的全部遗产在 1581 年被出售。巴尔巴里戈家族购得这幅作品，后来又与提香的另外四幅作品一起转让给冬宫博物馆。《圣塞巴斯蒂安诺》是提香的杰作之一，其新颖且不乏现代感的构思，让人印象深刻。

年岁已高的提香在创作这幅画时筹划许久，他不画草图而仅仅利用颜色来构图，有意突出实体人物形象的独立自主，并充分考虑整个空间的集中效果，呈现出各个绘画区域的差异性。画面颜色传递出强烈的紧张感：圣塞巴斯蒂安诺饱受刑罚折磨的躯体，就站在炽热的光晕前，他是一位胜利的英雄，勇敢承受肉体上的痛苦，确信人的心灵是不会被征服的。

圣塞巴斯蒂安诺的脸庞被他脚下燃烧着的火光照亮，火势有些微弱，飘散出缕缕烟雾。然而火光并没有让这个人物形象显得格外醒目；相反，火光正将他淹没，使他的脸庞变得模糊不清。提香塑造了一个独一无二的人物形象，画面中多种色调混合在一起，呈现出人的混合特征。

贴近这幅油画细细观察，线条和润色成堆出现，搭配略显混乱；但是远看画面，线条与润色则显现出一致性。如此大胆的绘画技艺，让那些与提香同时期的艺术家们折服，他们原本认为，提香通过这样的绘画手法无法完成他晚期的许多作品。

提香有意通过传统绘画手法来创作一位殉难者的半身画像，随着绘画工作的推进，他又增加了两块画布，因此最后完成了一幅圣塞巴斯蒂安诺的全身画像。在形象的处理上，画面的上部比下部更为细致，画面下部的凉鞋、脚趾则略显潦草。

保罗・委罗内塞

《圣殇》1576—1582

布面油画
147cm×111.5cm
1772 年由克拉兹特收藏于巴黎

这幅作品的构图建立在两组肖像人物的基础上，一组是圣母玛利亚搀扶着耶稣，另一组是一个或两个天使陪在耶稣身旁。

这幅《圣殇》的场景并没有完全符合福音中的讲述，这里描绘的是把耶稣从十字架上放下来以后紧接着的场景。这是为威尼斯圣彼得和圣保罗修道院祭台上的装饰屏所创作的油画。在 16 世纪中叶，委罗内塞来到威尼斯，从事在天花板和墙壁上的湿壁画工作，同时也把光辉奢华的世界描绘在大大小小的画布上。在委罗内塞艺术生涯的成熟阶段，依照惯常的创作才华与着色手法，他开始绘制死去耶稣的肖像画，画中的耶稣被搀扶着，对耶稣之死而伤心至极的人物陪伴在耶稣身旁。

这幅作品的画面朴素，三个人物出现在黑暗的背景中，并集中在画面的中央，致力提升作品的精神层面。画面中，光与影、明与暗的对比鲜明，同时乳白色的线条在耶稣遗体旁交织，虔诚门徒心中的悲痛被定格在这一刻，大大增强了悲剧效果。

布面油画
121 cm × 105 cm
1911 年由杜日诺夫收藏于圣彼得堡

艾尔 · 葛雷柯

《圣彼得与圣保罗》1587—1592

16 世纪末，艾尔 · 葛雷柯出生于希腊克里特岛，在罗马接受教育，后来到托莱多生活，直到 1614 年去世，去世前完成了作品集《福传活动》。作品集共 13 幅画作，描绘的是耶稣和他的十二门徒。在这一幅作品中，圣彼得和圣保罗两个人物一起出现，从人物的尺寸和类型上来看，都与《福传活动》相似。

这幅作品描绘两位圣人的半身画像，在昏暗的背景下，鲜艳的服装颜色凸显两个人物形象。从调节装饰的角度以及人物面部的苍白描绘，仍可看出葛雷柯的绘画特征。在轮廓处理方面，依旧坚持传统的肖像画法，以真实的人物形象为主。

画面中，圣彼得躲在角落里，姿势谦恭，温柔的目光与圣保罗坚定的表情形成对比，此时，圣保罗那双锐利的眼睛正注视着外头。年长的那位圣人想藏起来的象征物原来是一把钥匙，代表着耶稣基督授予他的权力；而那位年轻的圣人，则很肯定地把一只手放在敞开的书本上，象征着从师徒书中获得力量。

这两位圣人之间展开一场安静的对话，画面中的手显得十分干瘦，但手势却不失优雅，也展示出两位圣人在雄辩过程中各自不同的性格特点。假设两位圣人的会面地点设在安塔基亚，可以确定在信仰方面，圣保罗的雄辩观点会占上风。

卡拉瓦乔

《弹鲁特琴者》约1595

布面油画
94 cm × 119 cm
1808 年由朱斯蒂尼亚尼收藏于罗马

在 17 世纪艺术发展的过程中，卡拉瓦乔是一位极为重要的绘画大师，为当时绘画潮流的先驱，当时的绘画风格以他的名字命名，称为“卡拉瓦乔主义”。《弹鲁特琴者》是这位来自隆巴尔多地区的艺术家年轻时的杰作，他出生于 1571 年，逝世于 1610 年，这幅作品见证了卡拉瓦乔绘画技术的成熟与文化水平的提升，并开始在罗马这个大舞台上崭露头角。

这幅作品中，爱情主题与音乐相联系；在表现手法上，采用严密的现实主义，且充满了诗情画意；在人物与物品的布局上深入琢磨，从画面外部引入光源，调整好光与影的最佳位置。画面中，逼真的材料摆在桌子上，好像是在镜子里。在翻开的曲谱上，可以看到那首流行于 16 世纪的情歌，曲目是“你们知道我爱的是谁”。这位年轻的音乐家有可能是作者理想化的自己，抑或是卡拉瓦乔朋友的画像，画中的人物一边弹奏鲁特琴一边吟唱。她借着情歌，仿佛在诉说着什么，同时也是在跟观赏者进行精神上的交流。

Bassus

阿尼巴尔・卡拉齐

《逃往埃及途中小憩》约1604

布面油画
直径 82.5cm
1772 年由克拉兹特收藏于巴黎

关于圣家族逃往埃及的故事仅在《马太福音》中被提及过。在《伪福音书》和中世纪的圣经注释中，对这个片段的描绘增添了一些特别之处，其中就增加了描绘天使跟随圣家族一起逃亡的情节。

这个创作主题，将神圣的片段嵌入迷人的自然风光中，让艺术家们充分展现出在风景画方面的绘画才能。

这幅作品画面中的空间、人物形象、渲染出的微妙气氛以及色调，是此画最迷人的组成要素。这幅画作在 17 世纪初由阿尼巴尔・卡拉齐完成，他是当时最具代表性的一位艺术家，为意大利绘画的革新贡献卓著。

在阿尼巴尔看来，真实的绘画与成熟的文艺复兴遗产才值得推崇，他反对绘画中衰弱无力的矫饰主义，主张将现实所呈现的无穷变化与理想的美融合在一起。在《逃往埃及途中小憩》中，这个《福音书》中的片段被放置在一个多山的地区，风景非常优美，属于经典的构图方式，超出了原先较为死板的构图范围。画面两侧高大的树干对画面进行分层，河流的拐弯处恰好从画面的中央穿过，并把观者的目光指向远处的大海。

布面油画
137 cm × 185 cm
1925 年由杜日诺夫收藏于圣彼得堡

格里特·范·弘索斯特

《童年耶稣》约1620

这幅作品中，耶稣童年时期的片段充满了神秘意味，画面半明半暗处与耶稣的肩膀间出现两位天使，见证画面中正在发生的一切。烛光下，父子正在设计十字架，交织的影子投射在工作台面上。

弘索斯特于 1590 年出生在乌特勒支，1610 年至 1622 年间在罗马工作，受到绘画大师卡拉瓦乔的深远影响。卡拉瓦乔使他加强了对现实的分析、对组合结构的探索以及对色调的研究；在创作方向上，弘索斯特主要将绘画建立在朴实、日常主题与显著的明暗对比的基础上。因弘索斯特利用人为照明效果来强调作品中的戏剧性冲击的创作习惯，他赢得了整个意大利的赞誉——“夜晚的盖拉尔多”。

弘索斯特充满世俗特征的作品也极富盛名，使他获得许多委制费，同时，他在描绘如圣人显灵等超自然的神圣现象时，绘画风格非常贴近人们现实的家庭生活。这幅作品描绘少年时的耶稣，他正帮父亲的忙。画面中，约瑟夫是以一家之主的形象出现的，观者可以从中感受到他勤劳的品格，进而去体会 17 世纪流行的一种精神，而当时对方济各会所倡导的朴实、守贫的价值观，也启发了作者的创作灵感。

彼得·保罗·鲁本斯

《帕修斯解救安德洛美达》约 1622

油画，从木板转移到画布
99.5 cm × 139 cm
1769 年由冯·布吕尔收藏于德勒斯登

鲁本斯的艺术作品总是充满着华丽、性感与自由，格外受人推崇，作为一名佛兰芒绘画大师，他的名声享誉欧洲，同时也是盛行于 17 世纪的巴洛克艺术的代表人物与奠基者。1600 年，鲁本斯来到意大利，目的是为了增进他的绘画技巧，他从威尼斯、托斯卡尼地区文艺复兴的作品范例中吸收经验和方法，同时也保留自身创作的自主性，在同时期的画家中，他还向卡拉瓦乔学习。

他透过纯熟而强烈的笔法来讲述神话人物帕修斯，色彩鲜明夺目、表现形式丰富、动作夸张，画面带有韵律般的起伏波动，人物情节环环相扣，整个作品充满了活力，让观者在欣赏这幅作品时，能充分驾驭各自的感官和智慧。

画面中正要给帕修斯的头顶戴上胜利的桂冠，因为他战胜海怪（它令人恐惧的躯体，在画面的底部露出一部分）。红色披风随风飘扬，展现出他的英雄主义，颜色鲜艳夺目，成为整幅作品的焦点。

鲁本斯从古代典籍里汲取这几个人物的形象，主要采用直接、现实的描绘手法来讲述相关的故事。画面中，安德洛美达是衣索匹亚国王的女儿，为平复海神波赛冬的愤怒而成了牺牲品。她一头金发，面色红润，是佛兰芒画派笔下典型的年轻少女。

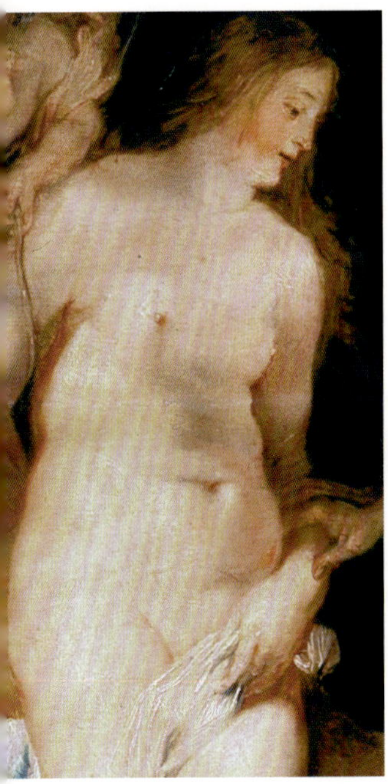

美杜莎的头被装饰在帕修斯的盾牌上，多亏这名蛇发女怪，帕修斯才战胜海怪。在帕修斯的右边，带翅膀的骏马正蹬着前蹄，就是这匹骏马将帕修斯带到捆绑安德洛美达的礁石前。画面中还描绘了几名裸体小孩，暗示着帕修斯与安德洛美达的爱情以及他们的婚姻。

多米尼克·费迪

《演员肖像》1623

布面油画

105.5cm×81cm

1772年由克拉兹特收藏于巴黎

这位男性人物形象庄严而高贵，是对真实人物的描绘，之所以称为演员，主要是因为他手中拿着的面具代表人物所从事的职业。

多米尼克·费迪是罗马人，起初为罗马的红衣主教费迪南德·贡萨加工作，后来效力于曼托瓦宫，那里收藏着绘画大师鲁本斯的华丽艺术品，让多米尼克·费迪印象深刻。1621年至1623年，他居住在威尼斯，在此他也为当地绘画的革新做出了贡献。威尼斯画派使用色彩传统，引导费迪要分析清楚调色板上的颜色，他相信色彩在描绘日常生活的真实画面时所表现出的重要价值。他无法忍受当时的学院风气，只沉迷于自己活跃的绘画才气里，想使自己的作品达到强烈而富有诗意的境界。

这幅《演员肖像》是画家的新尝试，被描绘的人物形象毫无虚饰，出现在一个并不鲜艳的背景中，凸显人物形象的丰富色调。可以断定这个人物形象是一位为曼托瓦公爵服务的演员，有人直接称他为克劳迪奥·孟德威尔第，但他更有可能是曼托瓦剧团里的一位著名丑角，名叫特里斯塔诺·马尔提内里。1623年，这个演员和画家都居住在威尼斯，使得这幅作品最终成功完成，这幅作品成为多米尼克·费迪的代表作之一。

布面油画
185 cm × 133 cm
1831 年购自巴黎 M. 戈多伊

约瑟夫·德·里贝拉

《圣人杰诺米》1626

自从卡拉瓦乔在 1606 年至 1607 年间来到那不勒斯，就努力改善这里的艺术环境氛围，同时也对来到此地的约瑟夫·德·里贝拉产生了决定性的影响力。在这里，里贝拉对自然主义的敏感性更进一步，他把注意力集中在描绘日常生活中那些偶发、自然的画面，或者是描绘那些人性基本的激情，抑或是描绘由于衰老所引起的身体变化。

天主教的殉难圣人是里贝拉油画中经常出现的创作主题，在他第一个阶段的作品中，充满强烈的感情色彩，所描绘的人物总是展现出意味深长的动作，画面中光与影形成戏剧性对比。艺术家所创作的作品是一种有形的媒介物，给观者带来具体生活实例，同时也传达了相应的信仰。圣人杰诺米是天主教中最有学问的一位教会圣师，他是圣经拉丁文通俗本的译者，而这幅作品恰恰描绘了他在译作时受到审判号角声惊吓的场景。画面中，强烈的现实主义描绘手法，反而舒缓了这位老隐士惊吓时的恐惧表情，光线集中在他那逐渐衰老的肉身上，强调活生生的现实场景。

吹着小号的天使让人们回想起《最后的审判》，这也让正在从事写作工作的杰诺米分了神。而一旁的骷髅则暗示着杰诺米过着苦修、隐居的生活。

伦勃朗

《芙劳拉》1634

布面油画

125 cm × 101 cm

私人收藏，在 1770—1774 年间购得

这幅画作的签署日期是 1634 年，是伦勃朗妻子莎士基亚 · 凡 · 乌兰布鲁赫的肖像画，她是艺术家协会负责人的孙女，画作在他们结婚那一年完成。他们夫妻的幸福生活从婚礼之后展开，但在 1642 年，年仅 30 岁的莎士基亚突然离世，这早来的死亡摧毁了他们原本幸福的生活。画面中，这女人的容貌让观者回忆起许多伦勃朗笔下的女性人物，而这里她化身为西风神的幸福新娘，她手中拿着花，头上也戴着花，让人把她当作春天的女神。

这幅画作轮廓曲线优美，对服饰的描绘细致入微，丝绸光泽亮丽、刺绣清晰可见，而在漆黑背景下，以缓慢的笔触表现出人物正在深思熟虑的心理特征。莎士基亚是位非常年轻而害羞的女子，她的脸上带有一丝犹疑，微微地转过头来，头顶花环的重量使得她的头有点下倾，左手提着大衣的褶子，右手拿着一枝花，手指清晰可辨。

这名女子的姿势以及一身的打扮都是刻意加上的，让人物本身显得有些不自在。尽管如此，担任模特的妻子还是很乐意被描绘进作品里，她的眼睛总是深情款款地望着她的丈夫。金色的灯光照亮了整个人物形象，她的面容丰腴、容貌普通，却散发出令人欣羡的幸福感，这也是这幅作品最令人惊叹、着迷的一大亮点。

贝尔纳多·斯特罗奇

《多俾亚治愈父亲》约 1635

布面油画
158 cm × 223.5 cm
1772 年由克拉兹特收藏于巴黎

贝尔纳多·斯特罗奇在 1630 年来到威尼斯，并且成为威尼斯绘画革新的主要人物。从威尼斯绘画的传统中，他学会将注意力集中在处理光线与色彩的问题上；同时，他将自身绘画风格的重点转移到卡拉瓦乔的绘画风格以及与佛兰芒画家的风格上，特别是鲁本斯。

多俾亚神奇地让他年迈的父亲恢复了视力，这个主题经常出现在斯特罗奇的创作中。圣经故事中的人物被描绘在平面上，恰好在一堵灰色的墙面前，作品采用自然主义的绘画手法，主要色调接近于肉红色。作品表现力强，细节上的描绘也毫不含糊，这幅画作是这位“热那亚神父”最重要的遗产。其实，也可以将颜色认定为这幅作品的主角，再加上宽阔、丰富且柔和的笔触，整个画面显得生动无比。画面中的暖色调、橙色、大地色与白色、铅白形成一种平衡关系，在渐变的灰色阴影间，白色显得格外耀眼。

天使拉斐尔被派到人间，沿途保护多俾亚，多俾亚受到他失明父亲的委托去完成一项任务。当他来到底格里斯河时，捕获了一条大鱼，在天使的建议下，他取回鱼的心脏、肝脏和胆汁，用这些东西治愈他的父亲。

布面油画
185 cm × 202.5 cm
1772 年由克拉兹特收藏于巴黎

伦勃朗

《达娜厄》1636—1650

这是冬宫博物馆内最著名的作品之一，也因为在 1985 年的一个突发事件而造成强烈影响，当时一名精神错乱的人将硫酸泼在这幅油画上，对作品造成严重损伤。这件事被悄悄传开，有人说这是预谋的，是一些秘密组织造成的，尔后修复的画作只是原作的复制品，原作在先前就被运到日本出售。有人认为，伦勃朗这幅如谜一般的杰作，是不可能在受损后圆满修复的。此外，关于肖像画本身以及亲笔签名都有待考证。

在这幅人物肖像画第一个版本出现后的约十五年时间里，《达娜厄》历经多次修复，才重获现在的形象。17 世纪的荷兰画派在画面表现方面非常大胆，竟然如此近距离描绘一名裸体女子。这个神话中的女主角形象，与威尼斯画派中躺着的维纳斯有相似之处，这里描绘的是宙斯化作金雨水与达娜厄幽会的情景。画面中，从心理层面刻画一名对恋爱充满憧憬的女子，画家将这个古老神话中的故事，描绘得如此真实，让人神往。

画面中出现带翅膀的裸体小孩，而不是宙斯化作的金雨水，诱导一些学者从不同的角度来诠释这幅画的主题，有人认为这幅画描绘的是维纳斯等待战神玛尔斯的场景，或者是拉结等待雅各的场景，抑或是萨拉等待亚伯拉罕的场景。

安东尼·凡·戴克

《伊丽莎白与菲尔德菲娅·沃顿的肖像》1640

布面油画

162 cm × 130 cm

1779 年由沃波尔收藏于霍顿庄园

安东尼·凡·戴克在年仅十九岁时就堪称大师级的画家，并得到安特卫普职业画家工会的认可，常与鲁本斯合作。凡·戴克初进绘画界就展现出卓越的绘画技法与才华横溢的天赋，能够从容地面对各种新事物。凡·戴克曾游学意大利半岛，从中领略到意大利传统绘画的各种面貌，他的学习能力很强，并将所学习到的绘画手法巧妙地运用到画作里，使他的作品更加精妙。

自 1632 年起，凡·戴克是查理一世时的宫廷画师，他会定期去旅行，同时也会按时返回安特卫普。这个时期的肖像画，主要来自于英国皇家和贵族的订购，画家所创作的艺术作品充分展现出优雅气质，色彩与表现形式相互协调，在任何环境下被描绘的人物都充满着高贵的修养，可以肯定地说，这类肖像画是这个时期中艺术水准最高的作品。

在当时的艺术氛围中，流行描绘摆着庄严姿势的孩子，而在他们端庄的姿势下反映出孩子们的天真无邪与清新，这幅《伊丽莎白与菲尔德菲娅·沃顿的肖像》的确是最具代表性的一幅作品。但是在画面的背景中，从美丽风景到灰暗的背景墙，凡·戴克的精湛技艺突然中断，让人产生了猜想，认为这幅油画当中的灰暗背景墙部分是由他的助手完成的。

画面中的女孩熟知贵族礼仪，在画家的指导下，摆出特定的姿势，并始终保持那份高贵姿态。女孩的一只手抓住下垂的披肩，另一只手抓住长袍的一角，从细微的动作可以表现出女孩的略微不自在与犹豫。

画面中的两名女孩都戴着珠宝首饰，身穿华丽优雅的丝绸长袍，对于贵族女孩来讲，这样的装扮并不奇怪。通过这幅作品的描绘，展现出了凡·戴克这位杰出色彩画家的个人才华。

画面中的两姐妹是贵族家庭的年轻代表人物，她们所保持的宫廷姿势，并不能掩去这些稚龄孩子们的天真无邪。年龄较小的女孩尚未感觉到自己所拥有的贵族地位，有些羞怯地紧靠着姐姐，她正试图转过头来，却因为太胆小而始终不敢往前看。

小狗是孩子的玩伴，画面中它正试图吸引孩子们的注意力，却徒劳无功。

在画面中加入小狗的原因，主要是为了让整个作品显得更加均衡，相较于那面挂有侧幕的灰暗防护墙，小狗恰好能与它后面的自然环境形成协调感。同时，这种动物也能唤起孩子们那暂时被隐藏起来的稚嫩童真的一面。

迪埃戈·委拉斯凯兹

《奥利瓦雷斯伯爵的肖像》约 1640

布面油画
67cm×54.5cm
1855 年收藏于冬宫博物馆

奥利瓦雷斯伯爵是1622年至1643年间，西班牙菲利普四世统治时期一位拥有庞大权力的大臣，也是委拉斯凯兹艺术事业的资助者。委拉斯凯兹在创作这幅油画时，选用新的画面，为伯爵描绘半身像，目的是将注意力集中在人物的性格，以及在道德、精神方面的特点，而不是过于关注显赫身份给主角带来的外部特征。

画家并没有因为他所画的人物位高权重而去刻意讨好，也没有特地修饰伯爵面部容

貌的不足处。先不用考虑伯爵在智慧与经验方面的实力，仅从他那紧张又全神贯注的神情来看，就足以感受到他那有趣的脸部特征。人物身上的黑色服装与深绿色的背景形成鲜明对比，白色的衣领突出伯爵苍白的面容，艺术家通过轻柔而巧妙的笔触，在明暗对比中有层次地分出色彩的浓淡，将人物形象描绘得栩栩如生。

奥利瓦雷斯伯爵的性格暴躁，但为人宽宏大量，在这幅肖像作品中，可以看出他有些疲惫，而紧闭的双唇显露出他的紧张。他面容苍白，看似健壮的外表已经显露出衰老的迹象，从他的眼里可以感受到，像伯爵这样依赖自身权力的人，也隐约地预感到衰老与权力的逐渐丧失。

布面油画
118 cm × 164 cm
1915 年由西蒙诺夫—天山斯基收藏于圣彼得堡

马蒂亚斯·斯多梅尔

《以扫与雅各》1640—1650

画面中静物描绘的部分，充满了乡村气息，与画面中极富表现力的人物角色形成一种平衡关系，从而表现出作品所包含的深意。

雅各借助于自己想出来的狡猾计策，获得了长子身份与各项权利，而这原本属于他的哥哥以扫所有，相关的故事在《创世记》中有所描述。以扫打猎完后，拖着疲倦的身体回到家中，就向雅各要一碗准备好的扁豆汤，雅各同意他的请求，前提是以扫把长子的名分让给他。雅各在母亲利百加的帮助下，用羊皮覆盖全身，让自己的身上摸上去有类似以扫一样的皮毛，进而骗取了失明父亲艾萨克给予长子的祝福，并让这场交易得以完成。

马蒂亚斯·斯多梅尔深受卡拉瓦乔画风的影响，借这幅作品叙述圣经故事，其中人物的动作及内涵都是作者的精心安排，目的是为了强调更富有戏剧性的故事情节，同时采用明暗对照法增添强烈的情绪效果。画面中，烛光照亮黑暗中的三个人物，他们的动作和眼神都影射出强烈的戏剧效果。

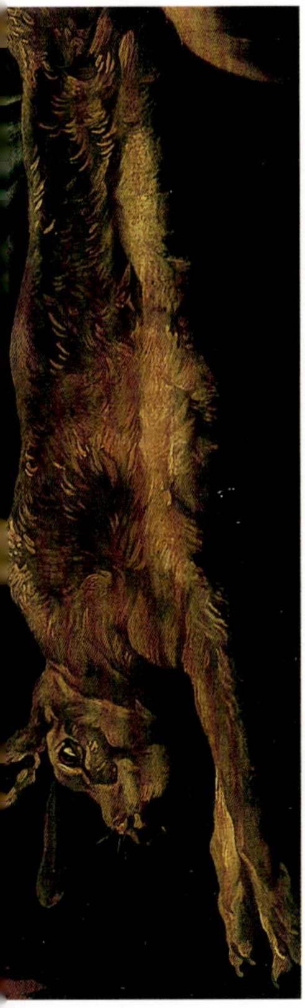

扬·菲特

《野兔、水果和鹦鹉》1647

布面油画

70.5 cm × 97 cm

收藏于冬宫博物馆彼得霍夫的分馆内

扬·菲特对这一类画作的创作技术非常高超，他描绘的季节都是最生机盎然的。菲特是描绘狩猎、水果与野禽方面的专家，他曾在弗兰斯·席得斯的画室学习，从席得斯那里继承了精湛而纯熟的绘画技巧。席得斯的作品尺寸较大，而菲特则比较偏爱创作中小尺寸的作品。他的静物画作更为内敛，时而展现出纯朴的一面，所挑选的物品既不浮华也不过多。

在这幅油画中，作者对各个物品进行精心的布局，谨慎地协调各部分的关系，还原出静物的本来面貌，扬·菲特也将视觉冲击展现得淋漓尽致。观赏这幅作品之初，人们会感觉到这些组合在一起的物品有种夺目的光彩，随后便紧接着去分析、欣赏单个部分，在变化无穷的色彩与协调的色调组合中，展现出画作的极高质量。

尼古拉斯·普桑

《有波吕斐摩斯的风景画》1649

布面油画
150 cm × 199 cm
1772 年由孔弗朗收藏于巴黎

理想主义风景画诞生于古典审美学的范畴中，在 17 世纪初发展壮大，并在众多活跃于罗马的外国艺术家的不懈努力下，理想主义风景画获得完备的创作自主性。法国艺术家尼古拉斯·普桑与克劳德·洛汉，都在这次绘画的发展演变过程中担任了决定性的角色。这幅油画是普桑所创作的最重要的风景画作品之一，由叶卡捷琳娜二世通过狄德罗购得。这幅作品的创作主题取自奥维德的《变形记》，描绘波吕斐摩斯与牧羊人阿喀斯间悲剧性的一个片段—— 牧羊人阿喀斯是这位独眼巨人的情敌，被独眼巨人用巨石砸死后，扔进了阿喀斯河——普桑想要表达出人与自然间的原始性交流，并力图达到一种近似于音乐共鸣的效果。

从 1648 年开始，普桑就着手创作历史题材的风景画，这一类画作在他所创作的作品中一直扮演着最重要的角色。从历史或神话中摘取的宗教片段或者插入的世俗片段，都在广阔的自然风景里，将观者的视野引向那理想的影像中。同时，普桑坚持用合理的手法处理风景画作，将他所选取的创作元素进行重组，进而在他的作品中创作出一种合理的自然结构。

波吕斐摩斯站立在山顶的裂缝中，他是原始自然的化身；而波吕斐摩斯对女海神伽拉忒亚的爱促使他吹奏起了潘神箫，以此来抒发他心中的情感。

整座山谷都沉浸在这音乐的魔法中，河神与森林之神都静下来聆听。

一位河神正在守护着那群山林水泽的仙女们，她们正在与森林之神嬉戏，而远处有一名农夫正在耕地。

在这富饶而充满欢乐的山谷里，世人与神仙交织在一起，这其中深不可测，但也不存在什么威胁，似乎隐含着一丝哀怨的气氛。

普桑描绘的这幅愿景，其实也可以看作迷失的阿尔卡狄亚的一部分，可以视为对那方乐土的留恋与追忆。

两个森林之神狡猾地潜伏在灌木丛和岩石中，正在窥视那群山林水泽的仙女们，通过这个场景巧妙地将情色的元素引入画面，同时也暗示大自然的繁衍能力与神秘色彩。

弗兰斯·哈尔斯

《戴手套男人的肖像画》约1650

布面油画
80cm×66.5cm
1764年由哥茨科夫斯基收藏于柏林

荷兰画家弗兰斯·哈尔斯生于1581年，卒于1666年，他将漫长一生的艺术生涯献给了肖像画事业。在一些画家的努力下，尤其是莫奈和梵高，哈尔斯的天才智慧在19世纪晚期才得到完全的认可与理解；而如今他被视为最杰出、最富代表性，以及最原汁原味的荷兰画派大师。当时，哈尔斯所采用的北欧现实主义描绘手法已经达到巅峰。在辽阔而悠远的艺术长廊中，他的肖像画作代表了一个时代，也让人们回想起荷兰从西班牙的封建统治中解放出来，并成立独立的荷兰共和国的光辉岁月。也因为当时荷兰拥有众多的能人志士，荷兰才能够在经济、科学、文化等领域占据发展的制高点。因此，弗兰斯·哈尔斯创作的许多个人或集体肖像画，就成为当时荷兰精神和社会的写照。

这幅肖像画描绘的是一位年轻的男士，哈尔斯集中注意力描绘人物的外表细节与人物特征。同时，他也采用象征手法将该民族不屈不挠的精神与乐观向上面对生活的品格融入画作中。这幅画凸显人物的姿势与手部的动作，为观者创立一个短暂的暂时性印象。这种感觉主要通过绘画技巧来呈现，重点建立在豁达、奔放而迅猛的笔触上。

这幅画作在色彩的运用方面表现得淋漓尽致，使得人物形象光彩夺目。在一片黑暗的背景中，只露出人物的必要部分，勾勒出人物的主要特点，绘画手法主要是依据古老学院派的绘画风格，线条处理得富有韵律感并混杂着快速的笔触。

布面油画
99.5 cm × 125 cm
1779 年由沃波尔收藏于霍顿庄园

克劳德·洛汉

《巴亚海湾的阿波罗与库玛拉女祭司》1650—1660

画面前景中的两个人物迷失在周围广阔的场景中，他们身旁的古代废墟已经被草木覆盖，与自然的永恒相比，人的工作成果显得非常短暂。

克劳德·洛汉于 1613 年搬到意大利，当时他年仅十三岁。他的风景画作品主要产生于他与大自然直接的交流过程，洛汉常到罗马的乡村，并细心地从自然环境中学习，为能够了解、掌握不同季节的光线变化或是不同时刻的光线多变性，他甚至会整天都待在那里。文学、宗教以及神话元素的介入，使得洛汉的作品包含了诗意与哲学的内涵。

在这幅油画中，洛汉的亲笔签名是在与他原先亲自编写作品目录的字迹进行比对后才得以证实。画中所描绘的片段摘取自《变形记》：阿波罗爱上了女祭司库玛拉，他愿意奉献一切来满足库玛拉的每一个愿望，因此库玛拉请求阿波罗允许她的寿命能跟握在她手里的沙子一样多的岁数，而她并没有要求获得永恒的青春。奥维德叙事诗篇中的死亡与永生主题，经过时间的淘洗被洛汉进行了新的创作，而画作中展现的壮丽风景表现出自然的永恒与变化无常。

阿尔伯特·克伊普

《河岸上的黄昏》1650—1660

木板油画
38.5 cm × 53 cm
1794 年由波甸姆京收藏于圣彼得堡
1806 年被转移到圣彼得堡附近的巴甫洛夫斯克宫
1930 年作品在冬宫博物馆得到修复

画面中有两个人物形象，从他们的轮廓可以辨认出是两名牧羊人，一男一女，他们正注视着那片黄昏景色，祥和之感透过这幅画作弥漫开来。

阿尔伯特·克伊普是当时荷兰画派中最具有才华的荷兰本土画家，他出生于 1620 年，卒于 1691 年。尽管他没有去过意大利，但是却从意大利绘画大师的作品中学习到绘画精华，并掌握控制光线的熟练技巧，以及如何拓宽视野以增强视觉效果。

在阿尔伯特的创作风格中，既包含传统荷兰画派的特点，也融入真实自然环境中的元素，阿尔伯特注重光线处理的层次，所采用的色调清澈分明。在面对大自然所创造的杰作时，艺术家将他自己的情感融入这幅《河岸上的黄昏》里。阿尔伯特·克伊普不仅透过每一个细节的描绘，使作品所呈现的客观环境尽可能接近于现实环境，而且透过描绘大自然所传递出的宁静，以及产生的回响效果来展现风景之外的魅力，并试图让观者能够从他的作品中，感受到所谓田园般宁静与自然的生活。

布面油画
74 cm × 60 cm
1772 年由舒瓦瑟尔收藏于巴黎

巴托罗梅·埃斯特万·牟利罗

《小男孩与狗》1655—1660

这幅画作中的人物富有表现力且充满活力。画面中，流浪男孩回头望着一条狗，他迅速瞥了一眼，脸上流露出意味深长的微笑，这名男孩瞬间的动作被牟里罗敏捷地捕捉到。

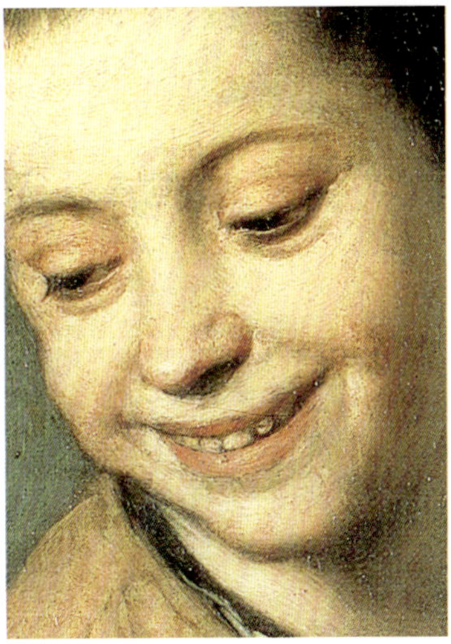

牟里罗画笔下的这一类人物形象，让观者又重新回忆起这位塞维利亚艺术家早期的艺术创作生涯，他描绘街头世界与卑微阶层生活的作品征服了无数的观者。这幅《小男孩与狗》的构思，与另一幅《卖水果的小女孩》有异曲同工之妙。这两幅作品中的人物，在构思创作与含义表达上都存有关联：小女孩害羞地露出微笑，手里提着一个水果篮，水果篮可视为成熟的标志；男孩也是面露微笑，向身旁的狗展示他的篮筐，里头还放着一只水壶。

在 17 世纪的肖像画中，器皿原先总是与女性形象相关联，同时青年人的姿势与微笑都暗示着他们正处在最美好的年纪。当时的创作环境中采用的画布稠密、表面光泽，描绘的人物形象柔和，并呈现出协调一致的美感，同时采用轻柔的笔触来勾画背景。

彼得·德·霍赫

《女主人与女佣》约1660

布面油画

53 cm × 42 cm

1810 年由古董商人拉方腾在巴黎购得

画面中，栅栏门敞开，门外的小城风景仿佛让人看到了阿姆斯特丹，彼得·德·霍赫于1660 年离开代尔夫特后搬到阿姆斯特丹，直到后来前往佛罗伦萨。

彼得·德·霍赫的作品围绕荷兰中产阶级生活的主题，用来呈现日常生活与歌颂家庭生活。霍赫聚精会神地描绘每一个细节，对透进室内的阳光、通风庭院中的照明，以及房间内的明净程度都考虑到了极致，以确保画面中的每一部分都能与周围环境保持和谐。画面场景是一个布置好的小世界，其中的人物形象被重新赋予了生命。

这幅以日常生活为主题的小幅画作，被认为是霍赫的杰作之一。画面中的女主人正在指导女佣备餐，透过这幅作品来赞美宁静舒适的荷兰小城生活。这幅画使用的冷色调中，明净的灰色和白色，使得人物鲜明而活

泼。画作中的多种元素在北欧画派所采用的光线效果的映衬下，展现出夺目的风采，同时有一层乳白色渗透在整个画面中，光影交错、空间层次分明。

布面油画
72.5 cm × 99 cm
于 1763 年至 1774 年间购得

雅各布·凡·雷斯达尔

《沼泽地》1665—1669

画面深处一名孤独的人物仿佛迷失了方向，与周围环境相比，他是如此渺小，几乎要被这片沼泽地里的草木淹没。他在沼泽地随意漫步，可以从中隐喻出人类的某种状态。

雷斯达尔是 17 世纪后半叶荷兰风景画派中的代表人物之一，在冬宫博物馆一共收藏了他的十二幅油画，记录了他绘画艺术生涯的发展历程。雷斯达尔首先对真实事物进行精确观察；接着，在户外完成作品草图；随后，对画面结构进行重新设计，以独到的创作手法与构思，让风景与自然绝妙地融合在一起。

画面中，大自然展现出它的原始力量，不同年龄的树木循着生长、成年、死亡建构出一个永恒的周期。右边有一棵树的树梢伸向天空，带有明显的世俗色彩；同时一棵枯树倒在一旁，旁边还有一棵幼小而细长的桦树，它的枝条正努力地伸向天际。在这片孤寂的森林场景中，宁静的表面下散发着悲剧性的紧张气氛；树干充满了力量，枝条混乱地交织，此时此刻的水流仿佛停滞，而这片沼泽地以外的天空与光明都是希望的象征。

伦勃朗

《浪子回头》1668—1669

布面油画
262 cm × 205 cm
1767 年由阿梅族尼公爵收藏于巴黎

这幅油画是这位绘画大师最后的几幅作品之一，或许是冬宫博物馆收藏的伦勃朗的作品中最著名的一幅，也被视为他创作生涯的巅峰之作。伦勃朗将《圣经》与《福音书》视为其创作过程中特殊的灵感源泉，他总能在这些书中找到合适的主题来反映现实中的人与世界。伦勃朗在他艺术生涯的最后阶段，选择了浪子的寓言故事作为描绘主题，他认为这是一个典型的、富有象征意义的人类经历，并具有现实价值。除去任何修饰，专注地运用绘画手段来集中讲述作品中的故事，透过光线与色彩来描绘浪子回头，向其父亲寻求宽恕的故事。

作者娴熟地调和了明亮色调与阴暗色调，在强烈的亮光与神秘而静谧的阴影之间保持了平衡，从中可以看出伦勃朗在晚年时依旧充满创作的热情与能量。

也许画面中的儿子曾经恣意挥霍家产，经历了种种遭遇后又重新回到父亲身旁，这种情节也让伦勃朗回想起自己的过往。当年他也累积了数目可观的财富，但是出于对艺术的热情，将自己的财富毫无节制地投入到收藏中，而对财富的浪费使得晚年的伦勃朗只能伴着痛苦的哀伤孤独终老。作者试图通过画作中的寓言故事，以肯定悔悟与宽恕所包含的价值。

画面中的场景笼罩在一片静谧的忧虑中，人物的一举一动定格在此刻，其内心的紧张情绪弥漫整个画面。

在这个没有定型的房间内，缺乏空间感，伴着微微闪现的亮光，每个人物从阴暗处显露出来，给人以深邃之感。在画面左边尽头的上方，隐约可以看见一名女性人物。

人物的面容是理解这幅画作含义的关键所在：画面中，这名盲人父亲的脸被室内的光线照亮，而年轻人背对观者，投入父亲的双臂，并从中寻求慰藉；接着，年轻人双膝跪地，向父亲请求宽恕的主题定格在此时，而阴暗处的其他人物也适时参与此刻的场景，对观者来说，也能见证了正在发生的一切。

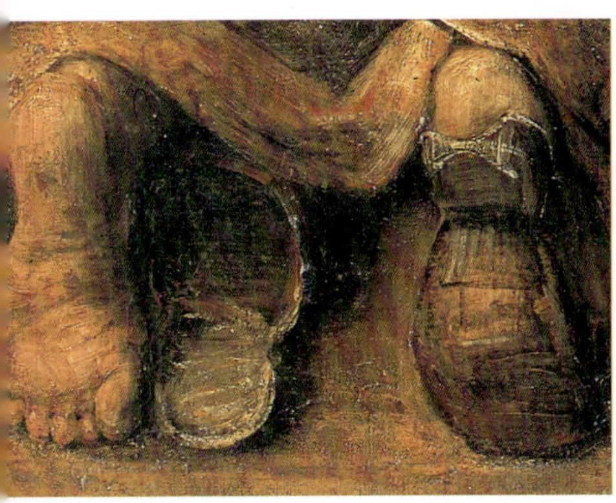

画面这个部分的光线最为集中，显露出的细节非常具有表现力：鞋子破旧、双脚脱皮、衣衫褴褛，透过这些细节的描绘，细腻地讲述这名年轻人的故事，藉以告诉人们浪子的归途，既漫长又艰辛。

左・马・克列斯比

《圣约瑟之死》约 1712

布面油画
234.5 cm × 187 cm
由冯・布吕尔收藏于德勒斯登
自 1769 年收藏于冬宫博物馆

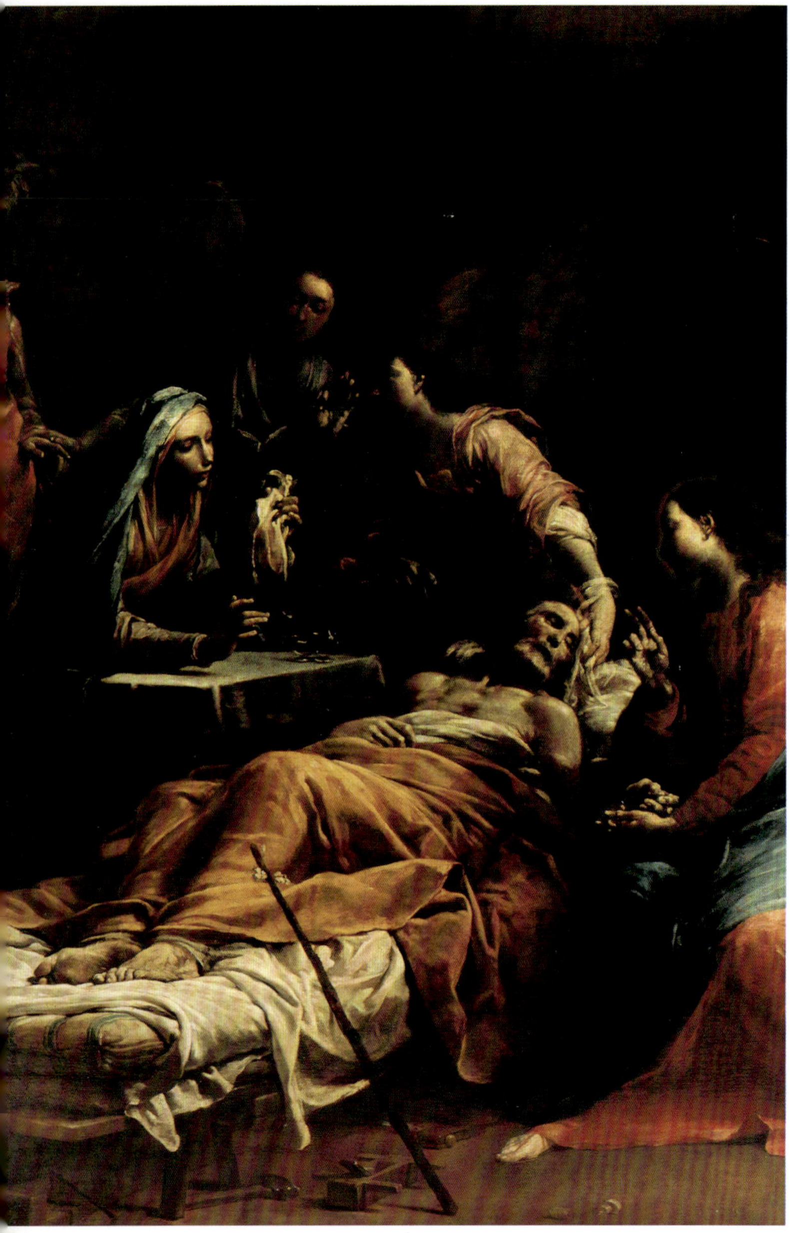

波隆那画家左・马・克列斯比自身的道德激情，在 18 世纪上半叶的意大利北部文化圈中激起了阵阵涟漪，并留给世人深刻的印象。克列斯比的艺术创作，受到不同文化环境的推动，其中包括 17 世纪罗马文化和艾米利亚—罗马涅区的文化、威尼斯和那不勒斯文化，以及佛兰芒画派与荷兰画派的影响。他采用独具个人特色且不乏现代感的绘画手法，对创作主题进行精心设计，使作品既包含充分的现实色彩又展现出鲜明的道德敏感性。

克列斯比在处理宗教主题时，拒绝采用任何夸大的绘画手法，在恰当的创作范围内，着力呈现出日常生活最真实的一面。这幅《圣约瑟之死》是克列斯比在波隆那为红衣主教奥托博尼那创作的，大约在 1712 年完成，而这幅画作与另一幅收藏于莫斯科普希金博物馆的油画《神圣家族》是成对的。同时，克列斯比也为这位红衣主教创作了一个他最著名的作品系列（收藏于德勒斯登画廊），主要围绕天主教的七大圣典。画面中，整个场景的动向朝着这位年迈主教生命的最后时刻延伸，也预示了最终的结局。

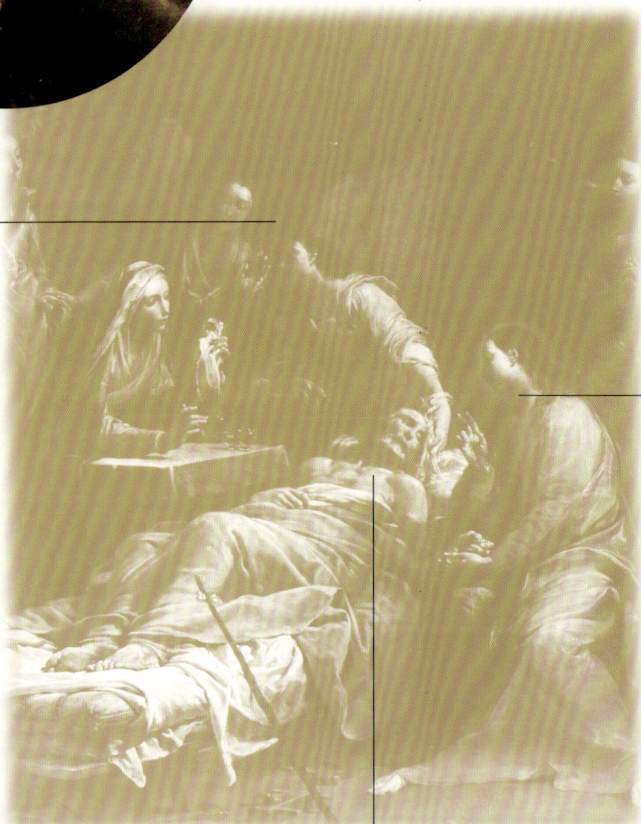

克列斯比的画风呈现出的特点是热衷于追求光线效果，作品极富表现力。

画面中，光线逐一滑过人物的侧脸，穿行于不同人物间，为无声的对话搭起了桥梁。跃动的笔法给颜色赋予了生命，让其中的媒介物也包含整个画面所弥漫的复杂情感。

耶稣给养父圣约瑟临终涂抹圣油的画面显然是编造的，目的是想透过这种方式来突出天主教这项圣典的价值。

这幅画作焦点集中、构图简约，周围环境并无虚饰，整体布局旨在明确强调这幅画作的宗教内涵。

画家所选取的创作主题在 16 世纪以及 17 世纪的意大利美术圈内非常普遍，主要从圣师依西多禄的一本描绘圣约瑟的大全中截取而来。在随后的天主教改革中，圣约瑟的形象以新的雕像形式出现，凸显他的外在形象，进而强调他在整个神圣家族中的重要角色。

让–马克·纳蒂埃

《彼得大帝》1717

布面油画

142.5 cm × 110 cm

1918 年收藏于冬宫博物馆

这幅肖像画于1717年完成，当时彼得大帝正在荷兰，那时纳蒂埃还是个不怎么受法国贵族阶级与俄国沙皇厚爱的肖像画家，后来这些皇家、贵族人物都成了他最重要的顾客。彼得大帝决心将西方的风俗习惯引入他自己的国家，并一再坚持让绘画大师纳蒂埃跟随他前往俄国，但是最终遭到纳蒂埃的拒绝。纳蒂埃的笔法灵巧而优雅，不用透过深思熟虑的心理特征描绘，就能轻而易举地展现出他笔下人物形象威严的一面。这幅用来庆祝的肖像画正合彼得大帝之意，这件作品在纳蒂埃的笔下得到完美的诠释。

二十多年后，纳蒂埃有幸在巴黎的沙龙活动中介绍他的肖像画作《有着密涅瓦容貌的拉布塞克小姐》（现收藏于卢浮宫），并大获成功，当时流行在肖像人物身上烙上神话人物的印记，并精心描绘人物身上的奢华服装。令人好奇的是，纳蒂埃在失去公众对他的青睐而即将中断他的艺术生涯时，得到狄德罗的疯狂追捧，也正是这位叶卡捷琳娜二世首席顾问的积极收集，才成就了冬宫博物馆中最核心的收藏部分。

卡纳莱托

《法国大使的欢迎会》1726—1730

布面油画
181 cm × 259.5 cm
于 1766 年至 1768 年间购得

描绘威尼斯、罗马或是伦敦的这一类风景画，在 18 世纪的欧洲最受欢迎，而卡纳莱托正是这类画作无可争议的艺术大师。这幅油画是这位威尼斯绘画大师的杰作之一，与另外一幅《耶稣升天节画舫归港》（收藏于莫斯科普希金博物馆）是成对的。

1726 年 11 月 4 日，当人们络绎不绝地涌入威尼斯共和国总督府那庄严的入口时，画面所描绘的情景达到高潮。卡纳莱托注重每一个细节的描绘，还原当时威尼斯的心脏地区——总督宫殿，这里是政治权力的所在地，由船只组成的仪式队伍航向那里，而广场、玛尔恰纳图书馆、安康教堂以及港口都是威尼斯文化与艺术的象征。

画家透过细致的描绘以及清晰透彻的色彩，使得画面中的建筑场景空旷而开阔，仪式活动也充满生命力。卡纳莱托对天空、笼罩在水面的薄雾，以及泛起的细浪波纹的描绘，都掌握了最佳尺度。他敏锐地观察到宫殿墙面上的阴影，以及水面的反射穿透拱桥下的阴暗处。

举行这个庆典的地方涵盖了这座城市最具有历史与生活内涵的部分。画面背景中，安康圣母圣殿是建筑师巴勒达萨雷·隆盖纳的杰作，1630年威尼斯遭遇一场瘟疫，随后他就照参议院的决定建造这座还愿圣堂。该教堂耸立在这座城市的突出位置，是大运河河畔上壮丽的景点。

借此良机，威尼斯共和国的君主和达官显贵们齐聚在这个奢华的庆祝活动中，并委托最重量级的艺术大师来记录、描绘此次盛况，使之能够流芳百世。法国大使的莅临，受到威尼斯共和国执政官和议会代表的接待与问候，他们正靠在总督宫殿的阳台上。

根据礼节，当时这位法国大使由一名贵族礼宾人员陪同，他们两人在六十名参议员的跟随簇拥下在码头登岸，面向广场，正要前往总督宫殿。当时威尼斯的全体公民都来参加这次庆祝活动，缤纷的色彩描绘出人物的多样性，包括贵族、神职人员、资产阶级与平民。

弗朗索瓦·布歇

《博韦附近的风景》1740—1745

布面油画

49 cm × 58 cm

先由克拉兹特收藏于巴黎

后由奥利佛收藏于圣彼得堡

自 1923 年收藏于冬宫博物馆

这幅作品被布局在一个理想化的乡村里，柔光里透着欢乐，其中有一位男子和两位端庄的洗衣女，犹如一出田园喜剧。

弗朗索瓦·布歇的画风自由且独具一格，是 18 世纪法国文化与法式审美的典型代表，他的艺术作品传递出愉快、非自然且富有吸引力的精神本意，使得凡尔赛宫充满生机。布歇获得法国政府为美术学生提供的奖学金，于 1728 年至 1731 年间在意大利专心学习艺术大师的画风及技术，主要是向拉斐尔、卡拉瓦乔、科尔托纳、提埃波罗学习。他是位多才多艺的艺术家，擅长创作各类绘画，例如历史题材的绘画、风景画、肖像画，以及以博韦或戈布兰为题材的大幅挂毯作品。

这件画作，主要采用的色调是灰色和蓝色，这两种颜色是这位绘画大师在风景画中经常选用的典型色调，当然也是受到博韦周围乡村真实景色的启发。受到透视画法的影响，布歇会对他所见到的值得赞赏之地，采用艺术的手法进行重新设计，进而描绘出一幅生机盎然的草木与溪流边的乡村住宅所构成的美好画面。

布面油画
69.5cm×89cm
1769年由冯·布吕尔
收藏于德勒斯登

詹巴蒂斯塔·提埃波罗

《文艺事业赞助者向奥古斯都展示七种自由艺术》约1745

画面的尺寸相对缩小了一些，收藏这幅作品的人是位名声显赫的行家，因此提埃波罗在创作这幅作品的过程中特别用心。画面显示出细致的通透感，用色清晰，在光线的笼罩下，人物外表得以生动地呈现。

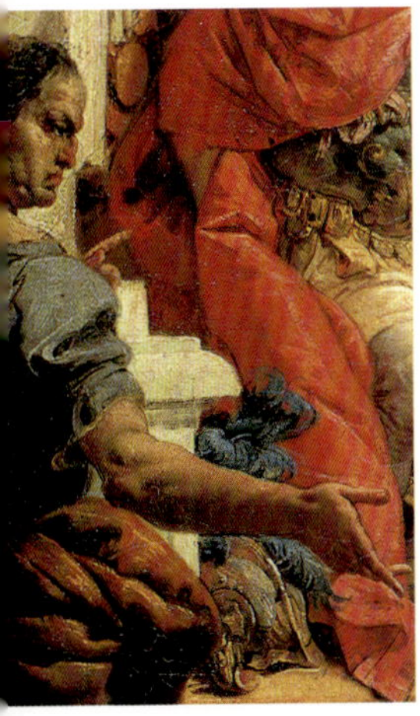

这幅画作是弗朗西斯科·阿勒伽罗蒂在1743年委托提埃波罗创作的，而他也是威尼斯文化圈中的杰出代表。他订购这幅画是为了向奥古斯都三世（萨克森选帝侯，波兰国王）的内阁大臣冯·布吕尔致上敬意，因此这幅画作还必须让伯爵和君主都满意。在画面右边，艺术家将布吕尔在德勒斯登的宫殿正面作为远方的背景，也借此影射出萨克森王国的首都，从建筑物风格上看，像一座新的罗马城。

盲人荷马在一位年轻向导的陪同下出现在画面中，而这位年轻人手持一把小号；画面中央几个人物跪倒在皇帝面前，在宝座的两侧分别矗立着阿波罗和雅典娜的雕像，作者透过艺术的手法在这幅画作中传达出神性与智慧。提埃波罗在处理整个场景时，尽可能使用艺术手法，旨在使画面更具说服力和吸引力，充分展现出这位绘画大师的创作智慧，他是18世纪欧洲绘画界名副其实最伟大的装饰画家。

贝尔纳多·贝洛托

《德勒斯登的新市集广场》1747

布面油画

134.5cm×236.5 cm

1769 年由冯·布吕尔收藏于德勒斯登

贝尔纳多·贝洛托于 1748 年离开家乡，在远离家乡的城市德勒斯登展开自己的艺术生涯。在这里他创作了一系列以开明君主及其政府为题材的作品，使自己声名大噪，因此成为奥古斯都三世身边最有威望的宫廷画家。在维也纳和摩纳哥辗转停留后，贝洛托于 1761 年又回到萨克森首都的公爵领地，后来他才下定决心前往俄国，但是最终没能到达俄国。叶卡捷琳娜二世亲自欣赏了德勒斯登所收藏的壮丽风景画，《德勒斯登的新市集广场》就是其中的一幅作品，但这位俄国女皇却无缘将贝洛托纳入自己的门下。

画面中，广场的开阔处有居民朝着皇宫汇聚，其中就有一些动作古怪的人物，这也让整个广场显得生气勃勃。画中的人物与建筑背景融为一体，从色调上来看，主要采用灰色、蓝色与绿色。整个画面笼罩在透亮而寒冷的光线中，加上作者采用忧郁的笔调，使得这幅作品透露出一种玄奥的不安。

在广场的中心，一队皇家随从护送着奥古斯都三世的马车。贝洛托当时被委以重任，要为国王创作十四幅大尺寸的风景画，并将这些画作交给国王的首席内阁大臣冯·布吕尔伯爵。这位伯爵去世后，叶卡捷琳娜二世从他的继承人那里购买到了数量惊人的艺术品，其中大部分是油画。

布面油画
66.5 cm × 56 cm
由叶卡捷琳娜二世收藏

让-巴蒂斯·热鲁兹

《受宠的小孩》1765

18 世纪 70 年代，热鲁兹在法国享有极高的声望，当时有一些画家热衷于将创作主题的思维及情感，与启蒙运动的理想主题接近，热鲁兹就是其中的代表人物。多亏了狄德罗的赞助以及热鲁兹的崇拜者，才使他的声望一直影响到俄国。他为最富有的俄国皇室家族担任肖像画家与艺术作品讲解员，随后还担任叶卡捷琳娜二世的私人助理。

热鲁兹绝妙的描绘天赋在这幅作品中展露无遗。其次，在诠释青春现实的过程中，

他试图让人去微笑面对，隐约透露出作品中的教学意图。画面设定在一间厨房内，一名少年正在清理盘中的饭菜，并偷偷把食物递给身旁的小狗。在他旁边还有一名年轻而丰满的女仆，艺术家在这里巧妙地将富有挑逗意味的情色元素引入画作中，这也是热鲁兹在处理道德主题时采用的典型手法。

这幅作品魅力十足，画中的女性人物面容柔和且充满活力，大方地袒胸，显露出亲善的一面。热鲁兹透过这幅作品展现出自己非凡的才华，他所创作的肖像画被列入 18 世纪最美艺术作品的行列。

让・巴蒂斯特・西梅翁・夏尔丹

《有艺术象征的静物》1766

布面油画
112 cm × 140.5 cm
于 1766 年购得，后在 1854 年被出售
又于 1926 年购回

夏尔丹在世时即享有极高的声望，与他同时期的画家都难以望其项背，他的主要成就在于他的静物画。夏尔丹将一种崭新的特性引入这类绘画中，这种特性往往存在于那些看似无关紧要的主题中，透过最简约的手法来描绘日常用品，其中所展现的魅力与情趣源于绘画本身的特性，同时也来自画家的创作水平；而画家能让观者透过画作来感受静物本身的坚实感，也能察觉到落在静物上白炽灯的光线。

画家透过自身细致的观察力和色彩敏感性来处理画作中的每一个元素，并在诗意的环境中提升写实主义的观察力。这幅油画是凯萨琳二世为圣彼得堡美术学院中最重要的沙龙所订购，但这位女沙皇对这幅画作十分钟爱，以至于最终把这幅油画放在冬日之宫的私人房间内。夏尔丹以图解的方式，阐明他对伟大艺术的看法，也进一步使人们认识到夏尔丹在皇家美术学院中所承担的艺术家角色。

画面中的雕像是由让・巴蒂斯・皮嘉尔所完成，而且被其他艺术象征物包围：画作、调色板、画笔、颜料、架构等绘画工具。此外，还有用来纪念建筑物奠基或者竣工的铸造勋章。而画面中出现的这枚圣米迦勒勋章，是 1765 年圣米开莱授予皮嘉尔的。

让·昂诺列·弗拉戈纳尔

《偷偷的一吻》1765—1770

布面油画

45 cm × 55 cm

由斯坦尼斯劳·奥古斯都收藏于波兰华沙

于 1895 年购得

弗拉戈纳尔是法国洛可可艺术的代表人物，他的艺术作品代表了 18 世纪艺术创作最富有内涵的本质。他曾是夏尔丹和华多的学生，1756 年赢得法国政府为艺术生提供的奖学金，前往意大利学习巴洛克绘画，尤其是向彼得·达·科尔托纳学习。弗拉戈纳尔通过学习增强了其作品的视觉效果与活力，同时，在很短的时间内就获得如何流畅运用笔法的精妙技巧。画家利落的笔触、色调上凸显的亮点以及简洁明快的颜色布局，让画作以一种不易被混淆的方式呈现出别具一格的特色。

弗拉戈纳尔创作的大量画作，主要从这几个方面打动人心：创作主题千变万化、绘画技法丰富多样以及想象力的巧妙运用。正是这些要素，使得他的画作充满了生命力。这位绘画大师描绘了大环境下日常生活的一个片段，他将敏锐的洞察力集中在描绘“第三等级”（非贵族、非教士阶级）人物的风俗习惯上。

一名年轻男子偷偷地溜进房间，使得正在做刺绣的女孩分了心。男子匆忙地偷吻了女孩，她那惊恐的眼神迅速浮现，男子做出这样冲动的举动，而这两人却都沉浸在那一瞬间的幸福中。这一幕被画家及时捕捉，定格在画布上。

门后面，三名成年人正围坐在桌旁玩纸牌游戏，他们应该是在监视房间里的动静，却被手中的纸牌和谈话转移了注意力，那个时期在资产阶级和贵族的客厅里，人们都热爱这类游戏。弗拉戈纳尔在建构画面空间时，在主要的空间外又开拓出一个小空间，这样的绘画形式参照了荷兰画派。

弗拉戈纳尔拥有无与伦比的绘画手法，特别要留心他对各部位的处理。在他的画笔下，丝绸服装泛着光泽，轻柔的纱巾很是通透。做成小桌子的木材也透着光亮，地毯也有毛茸茸的质感，这些精确的描绘都是从荷兰画派的传统绘画中获得灵感并加以模仿的。

安东·拉斐尔·门斯

《帕修斯与安德洛美达》1774—1777

布面油画
117 cm × 153.5 cm
于 1780 年购得

安东·拉斐尔·门斯是波西米亚人，1741 年他搬到罗马，自此长期生活在这座城市，并与伟大的新古典主义理论家温克尔曼建立起深厚的友谊。那些曾被人们认为是陈旧过时的元素，成了门斯绘画创作的催化剂，他从古老艺术与文艺复兴时期艺术交融的合成物中汲取灵感，并将巴洛克艺术与洛可可艺术相联系。从绘画笔迹上，门斯呈现出一种具体而明确的美感，力求达到颜色和形式的平衡，他总是能恰当地进行选择和组合，将各个完美的部分巧妙地组合在一起。

门斯的绘画水平在这幅油画中充分展现，而这幅作品前往冬宫博物馆的道路并不平顺。作品原本是由英国人沃特金·威廉委制的，实际完成地点在罗马，在用轮船运往英国途中遭到海盗抢劫，随后船上的货物被运到西班牙加迪斯港口，卖给了一位法国海军部长。这幅油画后来被运到凡尔赛宫，最终《帕修斯与安德洛美达》才被叶卡捷琳娜二世买下。

安德洛美达的形象，是从罗马的多利亚·潘菲利美术馆收藏的一件古代浮雕那里复制而来的。

创作主题源自奥维德的《变形记》，并从门斯妻子持有的一件带有浮雕的装饰品那里获得灵感，这件装饰品也收藏于冬宫博物馆。

这幅作品一经完成，就在巴贝里尼宫展出，立刻在罗马受到大众的注意。

画面中出现丘比特的身影，为故事的后续埋下伏笔，他手中拿着火把，象征着画面中的两名年轻人正要擦出爱情的火花。安德洛美达的美丽被衣服和披风微微遮掩，她的脸上露出掩盖不住的羞怯模样，但她已经做好了信任这位救命恩人的准备，并下定决心要跟随他。

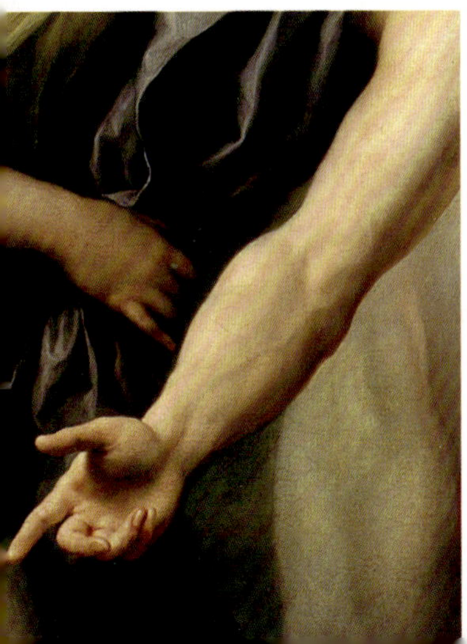

帕修斯的右手指向被他征服的海怪，安德洛美达从而得救。这位英雄脚上穿着一双带有翅膀的鞋子（类似于罗马神话中的信使墨丘利穿的飞行鞋），头上戴着头盔，腰间佩戴着雅典娜赠送给他的宝剑，左手还牵着那匹带翅膀神马的缰绳。

帕修斯的姿势主要从雕塑作品《观景楼上的阿波罗》，以及阿尔巴尼的马赛克图案那里获得灵感。

托马斯·根兹勃罗

《蓝色夫人》1770—1780

布面油画

76 cm × 64 cm

1912 年由希特罗渥收藏于圣彼得堡

在整个 17 世纪和 18 世纪，肖像画是英国最为流行的一类绘画。荷兰画家安东尼·凡·戴克曾在英国工作，激励了许多英国画家。而这当中 18 世纪的英国肖像画家，以托马斯·根兹勃罗最为知名，他也曾专注于风景画创作，但最终还是全心投入肖像画，并且获得相当高的评价。这幅《蓝色夫人》是他最成功的作品之一，从鲜明的蓝色主色调以及庞大的头饰可以推论出，作品出自托马斯·根兹勃罗绘画生涯的巅峰时期，大约在 18 世纪的 80 年代。

这幅画作透露出一种平和与宁静，主要源自于人物被描绘得恰如其分且富有格调，画面中蓝色、红色、浅褐色、白色以及珍珠色，精妙地组合在一起，合理地分布在整个长方形的画布上。这位端庄的女士姿态优雅，一只手扶着从肩膀上滑下的披巾，举手投足间都透着文雅与贵气。托马斯的笔法轻柔而流畅，使得画面中的微小动作几乎难以察觉，与此同时，也让这位贵妇真实而鲜活地流露出不凡的气韵。

画面中人物的姿势采用“端庄的维纳斯”式，这样的姿势频繁出现在画家壮年旅居意大利时期的艺术作品中，并得到英国人的赞赏。女子头上那庞大且富有矫饰主义的白色头饰以及柔美的肤色，都给萨金特、佐恩和波蒂尼提供了肖像画创作的源泉。

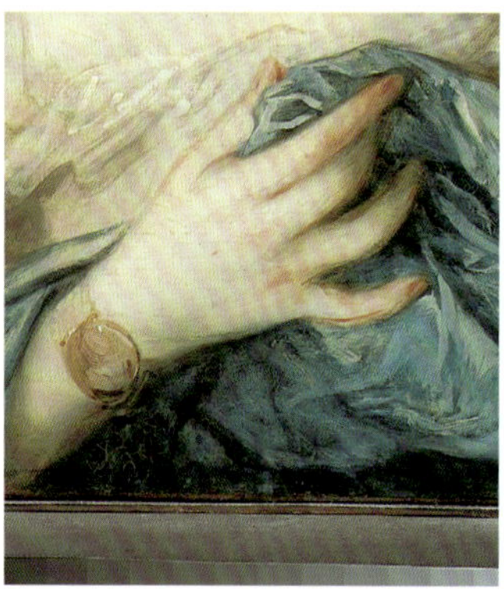

布面油画
59 cm × 87 cm
1925 年由尤苏波夫收藏于圣彼得堡

休伯特·罗伯特

《公园里的露台废墟》约1780

尽管那座骑马者的雕塑不是画面的中间部分，但这座雕像被刻画得非常完美，因此成为这幅作品的焦点。雕塑被安置在广阔的露台上，正在眺望着远方，享受着露台下方开阔的风景。

冬宫博物馆收藏了法国风景画家休伯特·罗伯特的许多作品，包含五十多幅大型作品,其中有许多装饰油画以及一些类似这幅《公园里的露台废墟》的小尺寸幻想风景画。1745 年，年仅 21 岁的罗伯特来到罗马，被罗马的遗址深深地震撼，这些古迹也成了他主要的创作主题，而围绕这些创作的作品也成为他绘画生涯中最成功的部分。

这幅《公园里的露台废墟》有一部分是对真实地点的描绘，也有一部分出自作者的创意，是将现实与想象完美结合的典范。画面右侧骑马者的雕像，是 18 世纪雕刻家纪尧姆·库斯图的作品，该雕像位于巴黎的马尔利公园，其余部分应该是出自画家的想象。这个画面弥漫着梦幻般的气息，并富有前期浪漫主义色彩。画面前景中褐色和绿色逐渐变浅，远处淡蓝色的雾气在地平线慢慢扩散。

雅克·路易·大卫

《萨福与法翁》1809

布面油画
225.3 cm × 262 cm
1925 年由尤苏波夫收藏于圣彼得堡

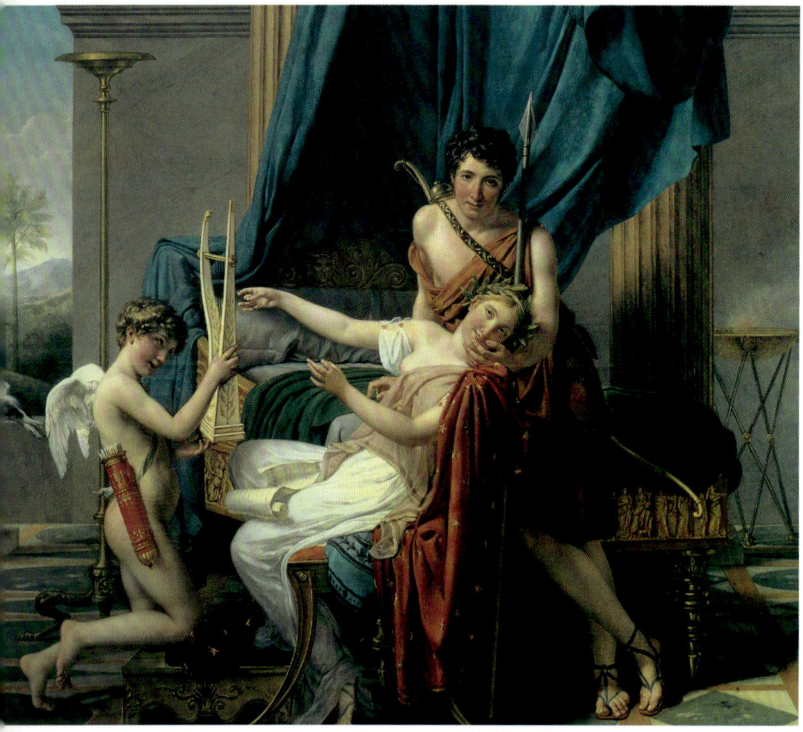

大卫通过想象，为两个相爱的人重建了一个奢华而夸张的房间，而这两个人物在丰富象征物的映衬下被加以描绘。

萨福的表情陶醉、衣衫不整，正要倒在椅子上，而这时爱人依靠在一旁，正好让萨福靠在他的臂间，这样的场景表现出压抑在内心里的激情。

法国大革命时期的共和主义理想，如今已经消失。而在大革命的复杂背景下，雅克·路易·大卫担任拿破仑的首席画师，当时的俄国王子兼收藏家尼古拉·尤苏波夫向他订购这幅画作。大卫是法国新古典主义的奠基人和重要代表，他摒弃了对罗马共和国的历史重现，不从过去抽取那些公民美德范例，而是选取富有寓意的神话。

在一封写给王子的信中，大卫这样写道："这幅油画描绘的是萨福，一位感性的女诗人，她的爱人是法翁，是丘比特点燃了他们俩的爱情之火。"从随后的一封信可以推断出这幅画作应是在 1809 年 11 月 30 日完成的。根据新古典主义的创作标准，大卫并没有给画面中的恋人刻意暗示，而是让情感自然流露，旁边有一簇火焰似乎燃烧得正烈，而人物的动作又像是被冰冻住而处于静止状态，两者之间显得有些互相矛盾。纵观这幅作品，表现形式的纯粹与完美、线条精准而富有韵律、色调平衡、各种元素的和谐统一，使得整个画面展现出无穷的魅力。

布面油画
71 cm × 58 cm
1972 年由美国人阿莫德·哈默捐赠

弗朗西斯科·戈雅

《女演员安东尼·德·萨拉特的肖像》1810—1811

戈雅的作品为18世纪绘画艺术收尾，同时也为19世纪艺术创作揭开了崭新而辉煌的一页，并留下浓墨重彩的一笔。这幅油画创作于戈雅艺术生涯的成熟时期，是一件能够展现其绘画宁静一面的非凡作品，而在其他的一些草图、著名的版画以及油画中，往往会围绕着痛苦、残酷、悲惨以及社会不公等主题来加以描绘。作家、诗人和演员都曾出现在戈雅的笔下，女演员安东尼·德·萨拉特就是其中一位，戈雅除了将她描绘在这幅

作品中，在这之前还曾为她作过另一幅画，那幅画一直描绘到她的膝盖。

这位知名的马德里女演员，在肖像画完成后不久便去世。女主角出现在阴暗的背景中，人物生动、内心深邃，透露出人物独有的神韵，而从她那双忧郁的大眼睛可以看出，其中隐含着让人捉摸不透的忧伤。

在戈雅绘画生涯的最后几年里，他描绘各种女性人物，这幅作品中的人物就是其中一位，在创作的过程中，他摒弃浪漫主义的绘画手法，让作品展现出更加专注且具体的逼真效果。

安东尼奥·卡诺瓦

《优美三女神》1813

大理石雕像
高 182 cm
1901 年由冯·洛伊希滕贝收藏于圣彼得堡

冬宫博物馆收藏了十五件安东尼奥·卡诺瓦的作品，他是一位伟大的威尼斯雕塑家，或许也是最后一位将意大利艺术传向国外的大师。他大幅度提升了罗马对美学趋势的诠释水平，逐渐使其名声享誉欧洲。他于 1779 年来到罗马，受到了古典主义冲击。

安东尼奥·卡诺瓦是一位极有争议性的雕塑家，时常受邀创作，曾得到拿破仑·波拿巴家族的极大赞赏，而这件《优美三女神》雕塑作品正是由拿破仑的第一任妻子约瑟芬·德博阿尔内向卡诺瓦订购的。卡诺瓦在罗马完成这组三女神雕塑作品，其中的三个女性人物形象，将理想化的新古典主义之美具体化。

《优美三女神》是卡诺瓦的杰作之一，作品中人物动作流畅，一个挨着一个，肢体交织在一起，其间蕴含着舒缓而平静的韵律，三个躯体展现出优雅与和谐。这位雕塑家通过精湛的技术，使得大理石表面呈现出犹如明镜般的光泽，并能够吸收、反射光线。这组三女神雕塑所呈现的精巧，让人不禁探寻卡诺瓦的创作源头。卡诺瓦不会将人物禁锢在新古典主义的生硬框架中，也不主张一味对古老艺术进行缺乏独立性的模仿，而是巧妙地将优美与 18 世纪威尼斯的轻快韵律注入到艺术品中，使其获得新生。

卡斯珀·戴维·弗里德里希

《夜晚的港口》1818—1819

布面油画

74 cm × 52 cm

1945 年收藏于彼得夏宫的宫殿别墅

在 19 世纪上半叶的欧洲绘画界，弗里德里希的作品强劲有力且富有原创性，这位德国画家是北欧浪漫主义的杰出代表。1820 年，当这幅《夜晚的港口》还在弗里德里希位于德勒斯登的画室时，就直接被大公爵尼古拉·帕夫洛维奇买走，这位大公爵就是未来的沙皇尼古拉一世。弗里德里希在两年多前完成这幅作品，当时他已经闻名于世，其作品还激起了哥德以及一些德国浪漫主义诗人的兴趣。

弗里德里希的作品既充满典型的宗教气息，同时也赋予画作令人回味的音乐与诗歌的能量。在这幅画作中，弥漫着挥之不去的忧思。画面中的两名女子背对观者，正张望着港口，此时，整座城市都被夜晚笼罩在黑暗之中。两个如此靠近的人物，有着共同的体验与感受，她们一动也不动，都在凝视着自然与死亡的神秘面纱，同时也朝着画面中间的那座十字架，祈求另一种生命的轮回。

在背景中，极为详尽地描绘了哈雷大教堂的轮廓，而教堂所处的实际位置离港口还要更远一些。弗里德里希先通过素描精确地记录下风景与人物，随后凭借他非凡的想象力，又将这些记录下来的素材进行重组。在形式上，双子塔与两名女子构成了协调一致感。此外，这幅作品的另一名称为《姊妹》，主要是源于作品中描绘了两名女子。

十字架是为那些葬身大海的士兵们设立的纪念碑，在它下面隐约可见几名痛苦的人物，这样的描绘就将画面前景中的两名女子与她们所看到的双子塔及周围事物联系在一起。

《夜晚的港口》是弗里德里希晚年的作品，由于疾病缘故，促使他更加兢兢业业地进行创作，选取的主题富有寓意也潜藏着死亡的征兆。

两名女子既没有做出任何动作也没有进行对话交谈，依常理判断，她们俩可能是姊妹关系。

画面中，这两名安静的观察者以背示人，反而强化了她们的亲密关系，弗里德里希试图将姊妹俩和观者融为一体，让观者跟着画中的人物一起观察周围的一切。

卡斯珀·戴维·弗里德里希

《克尔科诺谢山》1835

布面油画
73.5cm×102.5cm
1925 年由杜日诺夫收藏于圣彼得堡

当时的绘画界很注重艺术应用，弗里德里希并没有像大多数艺术家一样前往意大利游学，而是选择留在自己的家乡实践学习，锻炼自己的绘画技法。1810 年夏季，在一名画友的陪伴下，弗里德里希来到了克尔科诺谢山，这座山位于波西米亚和西里西亚的边境上，易北河从这里发源，流经德勒斯登，弗里德里希就在这个城市居住、工作。弗里德里希在散步时，会把一些风景或印象记在纸上，有时也会在速写本上标记批注，为后来的绘画创作提供素材。

这幅风景画比一般的地形描绘图更富有想象力，它并不是建立在一个特定单一风景的基础上，而是结合不同的观察点来构成一个整体风景。这是一幅神奇的画作，浑然天成，其中真正而唯一的主角就是光线。从人与自然的和谐折射出更为丰富的情感内涵，让作品与观者形成自然的共鸣反应。观察这幅作品时会发现，如此渺无人烟的空间，恰能彰显出大自然的伟大，观者并不能与之融为一体，而会在作品所蕴含的内在魅力推动下，向画作以外探寻更广阔的空间。

让·巴蒂斯·卡米耶·科罗

《湖边的风景》1860—1873

布面油画
53 cm × 65.6 cm
1925 年由尤苏波夫收藏于圣彼得堡

让·巴蒂斯·卡米耶·科罗出身于商人家庭，1822 年，二十六岁的他决定投身绘画事业，从商人转为画家。他在接受传统的学院教育后，前往意大利停留了两年，在那里完成了一系列风景画，还开始了他多年来一直喜好的绘画研究，逐渐成为 19 世纪最优秀的风景画家。科罗的作品融合了学院派的形式、古典艺术、意大利的特色以及精逃细选的诗意式情感，作品的内涵极为丰富，它们代表了法国风景绘画向印象派迈进的重要过程。

在法国首届印象派画展前不久，科罗就在阿弗雷小别墅创作了这幅《湖边的风景》，当时他在湖边有个房子。画面宁静而透着简约，光与雾仿佛是一层灰绿色的纱笼罩着湖面，向观者传递出安宁与和谐的感受。

有一种说法认为，科罗试图描绘的并不是自然本身，而是他对自然的热爱。

科罗缓慢的笔触，透露对画面处理的深思熟虑，在他的笔下，风景保留了经典画法中的坚实结构。

画家极富艺术敏感性，他用精妙的绘画技术描绘出空气的明净，并让整个画面充满明显的蓬松感。

克劳德·莫奈

《花园中的女人》1867

布面油画
80 cm × 99 cm
由舒金收藏于莫斯科，后来被收入莫斯科国立西方现代艺术博物馆
自1930年收藏于冬宫博物馆

莫奈将注意力集中在女人的白色衣服上，在这名女子的右侧似乎有修改的痕迹，可能在这里删去了一名男性人物形象，这名女人是莫奈表兄弟的妻子，名叫让娜·玛丽·莱卡德赫。

克劳德·莫奈是深入人心的一位印象派艺术家，能以更为完整的方式来展示印象画派诗意的一面。《花园中的女人》是在法国印象派运动诞生前所创作的，传统观点认为，这幅作品连同另一幅作品《日出·印象》在1874年才被证实出自莫奈之手。由于莫奈突破传统画法的束缚，其作品审美有悖于当时的官方艺术沙龙，因而不怀好意的批评家就借用莫奈画作的标题，嘲讽以莫奈为代表的一批要求革新的青年画家为“印象主义”。

在勒阿弗尔郊区的圣阿德雷斯，二十七岁的莫奈完成了这幅画，并在这里度过了他的青少年时期。画中女子是他的一名亲戚，她背对观者，姿态自然，正在溢满阳光的花园里散步。画家对户外的女性人物形象进行了巧妙地处理，使她一时间成为最主要的研究目标。光与影自由流转，在保持形式一致的同时产生多变的倒影，而透过颜色的分解又还原出原本的光与影，这其中就蕴含了即将来临的印象主义画风所富有的创新特点。

克劳德·莫奈

《蒙热龙的池塘》1876—1877

布面油画
173 cm × 193 cm
由莫洛佐夫收藏于莫斯科
后来被收入莫斯科国立西方现代艺术博物馆
1930 年收藏于冬宫博物馆

莫奈曾于 1876 年夏天，在蒙热龙的城堡认识了一位名叫欧内斯特·霍叙迪的金融家，这位金融家是那座城堡的最后一位拥有者，后者也收藏了一些莫奈的画作。一年后，莫奈为他创作了一组作品，这些作品还参加了第三届印象派画展，《蒙热龙的池塘》就是其中的一幅。

画作中，在反射的作用下，池塘表面闪闪发光，实景与倒影调和出黄绿相间的一片迷人景象。一名女性人物形象，也许是莫奈的第一任妻子卡蜜儿，或者是霍叙迪夫人，抑或是画家未来的伴侣，正靠着树干望着池水沉思。人物以这样的形式隐约出现在画面中，与周围的草木混在一起，借此强调人物并不是画面的主角，而仅仅是自然风景中简单的一部分。

笔触刚劲有力，笔画沿着垂直方向继续盘旋上升。为了能在实质上呈现水面的反射震动效果，以及空气中弥漫的飒飒响声，莫奈采用太阳光中的纯颜色及分割手法,创造出多彩的阴影，这一切都建立在印象派画风的基础上。

莫奈消除自身与风景间形成的对话关系，把创作建立在光线、形式与颜色的基础上，选定色彩时又不拘泥于颜色与物体的从属关系。在印象派画家看来，绘画应该以简朴的形式吸引观者的目光，只有这样才能体会那些看得见的纯粹价值。

池塘外树木的线条倒影在水中，这些树木犹如侧幕，关闭了侧面空间，进而使整个画面的结构直接沿着垂直方向拉伸。从开拓空间对作品采用切割手法处理、放弃传统透视深度等方面，让观者发现作品的装饰意图。

奥古斯特·雷诺阿

《站着的珍妮·萨玛利》1878

布面油画
174cm×101.5cm
由莫洛佐夫收藏于莫斯科
后来被收入莫斯科国立西方现代艺术博物馆
1948 年收藏于冬宫博物馆

依靠颜色分子与周围空间的构建，烘托出人物形象的立体感，在不是特别广阔的空间里，表面颜色的对比达到了引人入胜的作用。

1870 年至 1880 年的十年间，也许是雷诺阿艺术生涯中最多产的阶段。期间，雷诺阿忙于穿梭在各种复杂的舞台场景中，以创作单人肖像画或者群体人物画，而其作品在参加 1874 年首届印象派画展时，一些杰作还遇到了负面评论。这幅《站着的珍妮·萨玛利》于 1879 年在沙龙中展出，相对于雷诺阿为这位著名的法国喜剧女演员创作的其他肖像画，这幅作品采用更为常规的画法。官方的指定要求，并未促使雷诺阿采用学院派肖像创作

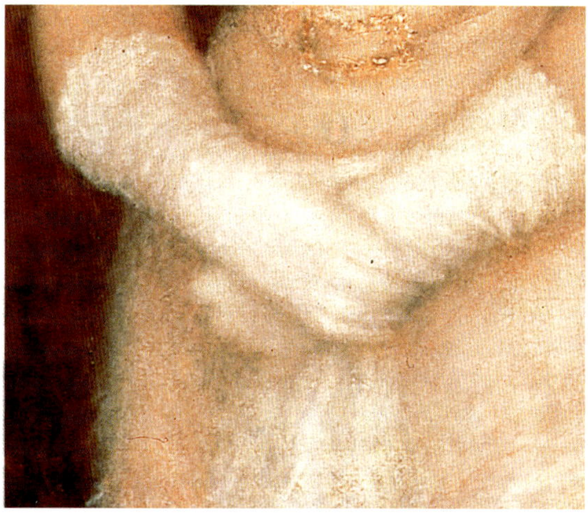

的技巧，也没有让他放弃印象派的技法，在画布上呈现出颜色的震动感，采用更为传统的方法着色，进而达到如釉面一般的光滑效果。

画面中女子开口微笑，在暗色背景下与她身穿轻薄的粉色裙子形成鲜明对比，她泰然自若的姿势，透露出青春美丽，而她的魅力也彻底征服了画家雷诺阿。

布面油画
73cm×92cm
由舒金收藏于莫斯科，后来被收入
莫斯科国立西方现代艺术博物馆
1948 年收藏于冬宫博物馆

文森特·梵高

《阿尔勒的女人》1888

观者靠近观察这幅油画，拉近了与画面中人物的关系，她们的面部特征彰显出人物的粗犷，用色大胆而富有表现力，画家放弃传统的人物立体描绘，透过改变人物描绘手法，使之既符合大众的现实主义观点，同时也更饶富诗意。

1888 年，梵高离开巴黎来到法国南部的阿尔勒，并结识了高更。高更在同一时期创作了另一幅作品，描绘一条小径从两位阿尔勒的老妇人身后穿过，梵高从中得到灵感，因而创作了这幅《阿尔勒的女人》。尽管两位艺术家选用相似的主题，但是对作品的诠释却不同。

画面前景与后景的差别在韵律般的结构中逐渐消失，画家并没有依照华丽的哥德式视野，却能表现出带有紧张情绪的喷射效果。四周弯曲或是零碎的线条、色调的对比以及画家的笔力，都呈现出作品的无限张力。画面融合了生命的激昂与沮丧，犹如一面镜子反射出画家内心的痛苦。

保罗・高更

《君在何方》1893

布面油画
92.5cm×73.5cm
由莫洛佐夫收藏于莫斯科，后来被收入莫斯科国立西方现代艺术博物馆，1948 年收藏于冬宫博物馆

1891 年，为了从现代文明以及古典文化的羁绊中解放，高更离开了法国和家人，启程前往他的精神家园——大溪地。在波里尼西亚群岛停留两年后，便结束了那段短暂的漂泊时光，1895 年高更移居到大溪地，在那里展开稳定的生活及工作，直到 1903 年在马克萨斯群岛逝世。

高更回到原始的土地上，开始了崭新的艺术创作阶段。采用制式的透视画法时，他更偏爱呈现各部分之间的相互协调与适应，进而为绘画艺术所蕴含的价值释放出更广阔的空间，同时，让观者在这幅油画中充分感受到复合型装饰艺术的自由表现力。

这幅油画的标题用土著语表达为“Ea haere ia oe”，是问候之意。画面中的年轻女人，也许是高更在大溪地娶的妻子，她正转向并面对迎面而来的人们，这里的“人们”指的就是油画外的观者。

这位女子庄重而高贵，她的形象取自波里尼西亚群岛天堂上的夏娃，她手中拿着的南瓜被做成盛水容器，象征着生育力；而在画面第二个层次的右侧，有一位女子抱着小孩，正好证实了上述的象征意义。画面中的大自然纯洁无比，充满幸福感，高更将原来欧洲那陈旧的用色远远地抛在脑后，选用炽热的颜色来描绘这片纯洁的大自然，更增强画面的象征性价值。

保罗·塞尚

《静物》1894—1895

布面油画
55cm×74.5cm
由莫洛佐夫收藏于莫斯科
后来被收入莫斯科国立西方现代艺术博物馆
1948 年收藏于冬宫博物馆

塞尚为印象派终结，同时，也透过他那无可比拟的伟大作品开启了 20 世纪上半叶崭新而重要的艺术流派。毫无疑问，他的作品既抛弃学院派历史主义所倡导那仅仅流于形象化的文献功能，也放弃印象派所追求的直接的视觉感受，而是使作品成为一种对事物存在的深层次结构的研究。这幅《静物》的色彩协调，在各部分间形成一种完美的平衡，它所呈现的美无可比拟，是塞尚在这一类绘画中最好的一次尝试。

塞尚抛开透视画法传统规则的同时，也在画布上建立了一个完美的艺术空间，使得每个元素充分配合各尽所能。例如画中的柑橘，外形具体而真实，仿佛要从白色的盘中弹跳起来，其投射出的不稳定阴影，使得整体布局错落有致，有效增强了观者的认同。这里的空间被描绘成一个流体结构，磨去了每个观看角度的独特棱角，从不同角度描绘每一件物品，画面中的桌子向左倾斜，而桌面也刻意向前倾，这样描绘传达出一种不稳定性与不确定性，也使得画面呈现出明显的立体感，进而促使观者去仔细查问每件物品的自然属性。

保罗·塞尚

《圣维克多山》1896—1898

布面油画
85 cm × 98.5 cm
由莫洛佐夫收藏于莫斯科
后来被收入莫斯科国立西方现代艺术博物馆
1948 年收藏于冬宫博物馆

普罗旺斯的艾克斯是塞尚的出生和逝世之地。塞尚为耸立在艾克斯附近的那座圣维克多山创作了许多作品，从他画室的窗户就能看到圣维克多山的轮廓，这也许是他当时最热爱的创作主题。对塞尚而言，实体的描绘必须先从圣维克多山开始学习。在这一版本中，画家所塑造的富有立体感的高山成为整幅油画情感交汇的支撑点。

塞尚忽略了透视画法的线条与区域规则，刻意让圣维克多山非常靠近观者，同时缺乏地学上的细节描绘，进而使这座山显得比实际更加高大、坚实。塞尚并没有试图让他的描绘紧贴真实的场景，而是试图在创作过程中使敏感的感性认知转变为更深入的理性认知。其实，这座山象征了大自然、视觉世界与绘画艺术的伟大、简朴，以及不易变质的特性。

由于围绕同一主题进行大量创作，圣维克多山对他整体的创作节奏产生了影响。塞尚逐渐让作品形式流于松散质感，在描绘过程中运用几何学，并让图形分离成犹如彩色马赛克一般。

整幅作品的笔画宽阔而清晰，始终保持一定的频率，使画面富有节奏感；图像被分解为若干面的折射棱镜，在吸收光线的同时呈现强烈的动感，并让观者能够灵敏地感受到整个空间的活力。

乡村风景之上的大部分画面被灰蓝色占据。在茂密的松树间露出一条路，这条路随后又消失在那布满斜坡的地中海植物中，这样的描绘在塞尚后期的风景画中反复出现，也表现出画家本身对生命尽头的反思。

巴勃罗·毕加索

《喝苦艾酒的女人》1901

布面油画
73 cm × 54 cm
由舒金收藏于莫斯科
后来被收入莫斯科国立西方现代艺术博物馆
1930 年收藏于冬宫博物馆

毕加索是 20 世纪最有才华的艺术家代表，其影响广泛且备受推崇。他才华横溢，能不断自我创新，在吸收传统精华的同时，敢于争当现代艺术的先锋。其实，他风格的转折是一种连贯的演变过程，对此可以从这位艺术家的一句经典名言中加以体会："我从不去寻找，我只是去发现。"

《喝苦艾酒的女人》创作于毕加索的"蓝色时期"，这一特殊风格始于他在巴塞罗那的研究。这幅作品描绘一位坐在咖啡馆里的孤独女性人物形象，咖啡馆就好比是那些无家可归者和穷人的避难所，画家这个阶段总是在处理这一类人物画像。

相同的主题曾被印象派采用过，但毕加索在选取观察角度和描绘女人内心隐匿的忧伤方面，都采用反印象派的处理手法。女子的脸上流露出孤寂与等待，在她身后有一面粉红色的墙，面前有一张桌子。她被四面包围，挤在一个角落里，其中包含着某种隐喻。女子身上的蓝色衣服，进一步衬托出惨淡背景下人物面容和手的苍白，也增强了这位被遗弃女子存在的象征意义。

克劳德·莫奈

《滑铁卢桥》1903

布面油画
65cm × 100cm
由莫洛佐夫收藏于莫斯科
后来被收入莫斯科国立西方现代艺术博物馆
1948 年收藏于冬宫博物馆

莫奈于 1926 年去世，享年八十六岁。在他艺术生涯的最后阶段，创作了一系列著名且成熟的肖像画作，都烙上了他沉思的痕迹。作品从白杨树到大教堂，从伦敦的风景画到威尼斯的风景画，直到他后来创作的系列画《睡莲》，逐渐显露出艺术家自身的力不从心。1900 年到 1903 年，莫奈连续三年冬天返回伦敦描绘泰晤士河，当时他住在萨沃伊酒店的六楼房间里，从那里就可以看到查宁阁桥和滑铁卢桥。当时莫奈为捕捉气候和光线的突然变化，紧锣密鼓地在一个系列中创作了四十一幅风景画作，并在吉维尼画室对这一系列进行了精心制作，与此同时他也完成一些伦敦素描画。

莫奈热爱冬天的伦敦，尤其是那里的雾，雾气为城市披上一件神秘的外衣，给城市带来一种非凡的华丽。莫奈并没有采用初步的构图来展现其理想效果，而是透过急切自由的笔画加上纯净的用色来烘托主题。画面中，河水的反射不断从那一层薄薄的雾气中散射出来。

巴勃罗·毕加索

《拿扇子的女人》1908

布面油画
150 cm × 100 cm
由舒金收藏于莫斯科
后来被收入莫斯科国立西方现代艺术博物馆
1934 年收藏于冬宫博物馆

这幅《拿扇子的女人》是采用所谓“分析法创作”的典范，这种由毕加索开创的风格，对图案的解决方案进行了重新设计与深入研究，相关的应用在《亚威农的少女》（收藏于纽约现代艺术博物馆）中体现得淋漓尽致。这件画作中的女性人物拥有强而有力的身躯，外形轮廓由连贯而封闭的线条构成，富有魄力的姿势隐含着庄严，人物形象充满活力且极富立体感的表现力，看似寥寥几笔，却构建了一个稳固的结构。

毕加索从塞尚那幅描绘他妻子手持扇子的作品中得到创作灵感，选题相同，但在线条和结构的处理与人物容貌的塑造上却大不相同。为了不分散在人物形象上的注意力，画家缩减用色，主要采用少量的赭石色、红色和棕色，其中的用色原理以及画面中的立体感都受到非洲雕塑与脸谱的影响。毕加索透过简化人物形象来表现自由，同时也注入许多新元素，进而使得作品达到神秘莫测的效果。

亨利·马蒂斯

《对话》1909

布面油画
177 cm × 217 cm
由舒金收藏于莫斯科
后来被收入莫斯科国立西方现代艺术博物馆
1948 年收藏于冬宫博物馆

20 世纪初，两位莫斯科工业巨头的慷慨购买，使得俄罗斯成为世界上收藏马蒂斯作品最多的地方。这幅巨作曾被收藏在舒金位于莫斯科那座新洛可可风格的宫殿中，还被安放在客厅里最荣耀的位置上。在长达六十多年的绘画生涯中，这幅杰作也是最受作者本人喜爱的一幅作品，作品中所呈现的绘画语言充满表现力与生命力，其创作的源泉则来自于画家那取之不尽的想象力与创造力，并在不断变化中提升其绘画风格的审美情趣。

马蒂斯曾经有一段很短的时间支持过点画创作，但自 1901 年起，他认同了野兽派在色彩方面的研究，增进了对色彩的理解与认识，并开始大胆用色，逐渐从学院派的构图与透视画法中独立出来。马蒂斯在绘画创作中早就有所突破，转而投入到复兴绘画形式的探索中，透过理性的调查研究、不拘泥于古典艺术、用敏锐的艺术头脑汇集各种有效资源，逐渐形成了马蒂斯的风格，成为野兽派艺术运动的“精神领袖”，他创作的作品总能达到恰如其分的平衡，在 20 世纪的法国绘画界享有最高的声誉。

画作中的对话场景在一面墙壁前展开，墙壁上还开了一扇窗，窗外的风景正好被定格在这扇窗框内。这扇敞开的窗户，正好让周围的蓝色平面自然而然地成为一个室内空间。扶手的设计采用阿拉伯式的藤蔓花纹，马蒂斯特别热衷于将这一元素添加到他的装饰艺术里，在他后来的作品中也大量呈现出类似的图案。

画面右侧的女子坐在椅子上，她的轮廓清晰可见，该人物形象与身后的背景在色调上形成鲜明对比。

画面的结构取决于各种颜色以及形式上富有空间感的严肃沉思。在结构上对各种元素进行合理的简化，仅保留最基本的线条。人物、椅子和花园在一个抽象的环境中被重新组合，形成情感上的共鸣。

人物的位置安排，使整个场景达到完美平衡，作者先前已经敏锐地对其中的和谐与不和谐元素进行了最优化的组织。

画面中的两个人物正沉浸在他们的对话中，但两者之间仍保持相当的距离，正好被窗户分隔在两边，他们的姿势各异，衣着颜色也各不相同。

男子恰似一个被剪辑过的人物形象贴在背景墙上，如此明显的垂直状态，使男子比椅子上的女伴更显突出。

亨利·马蒂斯

《舞蹈》1910

布面油画
260 cm × 391 cm
由舒金收藏于莫斯科
后来被收入莫斯科国立西方现代艺术博物馆
1948 年收藏于冬宫博物馆

《舞蹈》是 20 世纪最意味深长的艺术杰作之一，与另一幅作品《音乐》一起被完成，且都是用来装饰谢尔盖·舒金在莫斯科住所里的楼梯的。1911 年，马蒂斯还亲自赶到莫斯科，负责为这两幅油画安置嵌板，将其中一幅放在另一幅的上面，即《舞蹈》放在《音乐》的上面。舞蹈作为一个经典主题，反复出现在欧洲绘画中，在这幅作品中对这个主题采用极为简洁的方式进行描绘。

在简约组合以及直截了当的表现形式与色彩的背后，隐藏着复杂的观点与精神联想。绿色的地面连同地平线，呈现出一个弧形的世界；深蓝的天空无比深远，向广阔的星际空间延伸；巨人们在天地之间舞蹈，欣喜地急速旋转，不受时空的约束。《舞蹈》成为象征群体共同拥抱的一幅作品，这里将生命诠释为一种持续、有节奏的和谐回旋圈。

巴勃罗·毕加索

《吉他和小提琴》1913

布面油画
65 cm × 54 cm
由舒金收藏于莫斯科
后来被收入莫斯科国立西方现代艺术博物馆
1948 年收藏于冬宫博物馆

毕加索在立体艺术时期创作的一些油画被收藏于冬宫博物馆，这批收藏详细集合了当时的立体派绘画创作，同时也是对毕加索这位天才艺术创造者在创新艺术表现形式方面成就的认可。

1907 年至 1915 年间，在友人布拉克的支持下，毕加索大量运用一种所谓“分析立体主义”的艺术表现手法来解析主题绘画的创作。对立体主义的进一步探索朝着更极致的方向发展，逐渐形成所谓的“综合立体主义”。毕加索将不同的材料嵌入到油画中，将这些材料视作围绕相同主题符号、颜色与形式而选取的相关创作元素。

《吉他和小提琴》就是对分析立体主义的典型应用，而这两件人们所熟知的物品反复出现在毕加索的静物画里。画面中，两件乐器被拆解成规则的几何图形，仅保留基本的色彩需求，使得被描绘的物体更加客观。

油画中的每个构成元素都具有独特性，从客观空间和主观时间两方面来分割人的视觉感知，使得整个画面呈现抽象化状态。空间与物体的整体性相互渗透，在棱镜面的反射作用下扩张到整个空间形态，将难以分辨的新形态汇聚成一段声波，把音乐的经验转到画布之上。

圣彼得堡冬宫博物馆

参观指南

一层

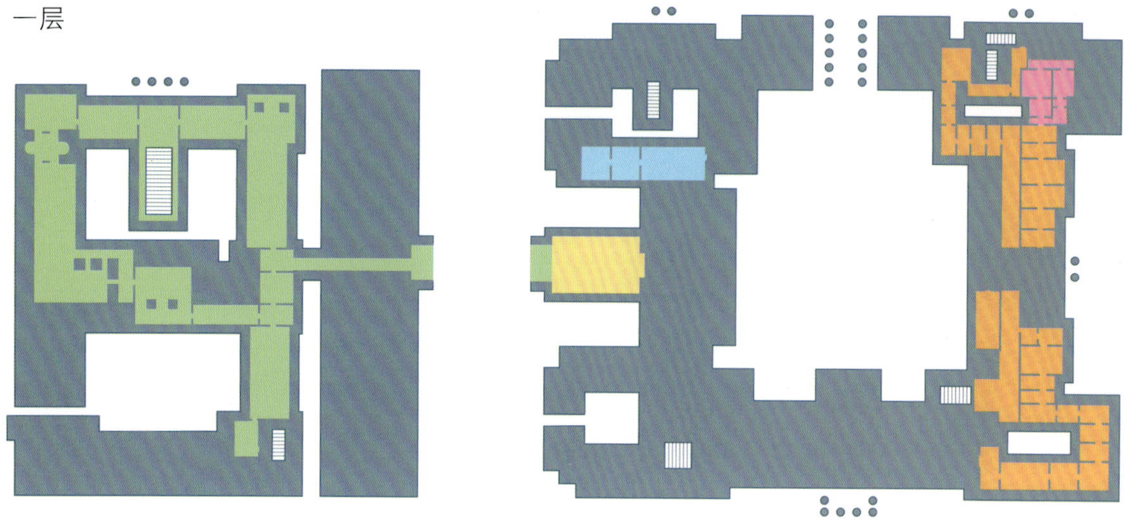

古代艺术

古埃及艺术

远东艺术

珠宝

东欧、西伯利亚、中亚以及高加索古老文明

二层

17世纪的佛兰芒绘画

15世纪至19世纪的西班牙绘画

18世纪至19世纪的欧洲雕塑

15世纪至17世纪的欧洲武器与装甲

16世纪的荷兰绘画

15世纪至17世纪的荷兰绘画

中世纪欧洲的装饰艺术

8世纪至18世纪的意大利绘画

三层

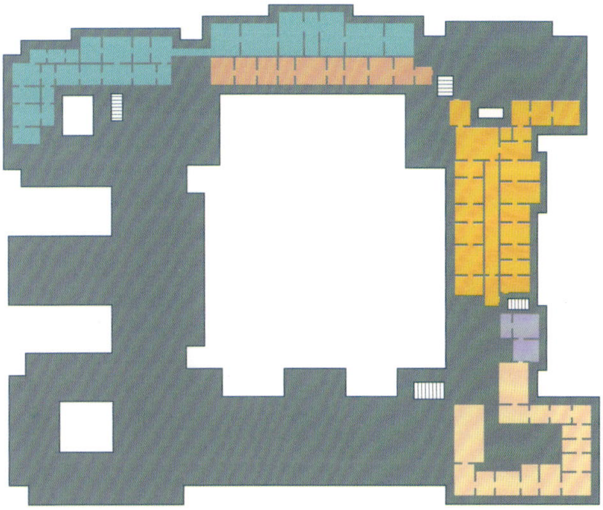

19世纪至20世纪的法国绘画与雕塑

19世纪至20世纪的欧洲绘画与美洲绘画

中国艺术与中亚艺术

拜占庭艺术

伊朗艺术与中东艺术

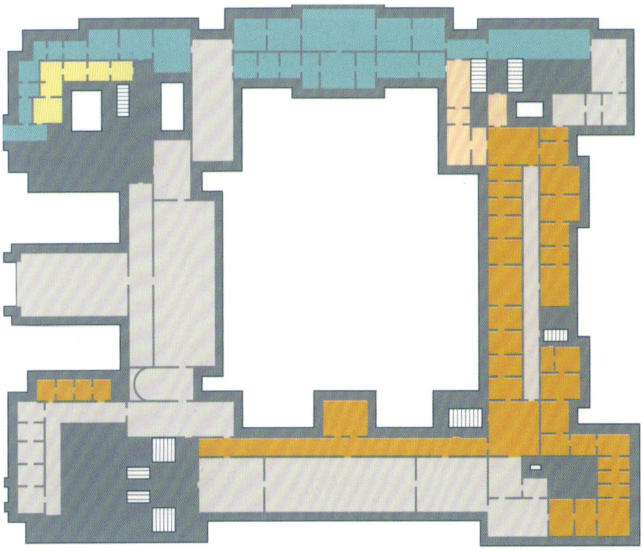

15世纪至18世纪的德国绘画与奥地利绘画

15世纪至18世纪的法国绘画

15世纪至19世纪的英国绘画

9世纪至19世纪的俄国绘画

艺术家和作品索引

图书在版编目（CIP）数据

圣彼得堡冬宫博物馆 /（意）亚历山大・弗雷格伦特编著；罗楚燕译. — 赤峰 : 内蒙古科学技术出版社，2018.1（2023.6重印）

（伟大的博物馆）

ISBN 978-7-5380-2928-4

Ⅰ. ①圣… Ⅱ. ①亚… ②罗… Ⅲ. ①博物馆—介绍—圣彼得堡 Ⅳ. ①G269.512

中国版本图书馆CIP数据核字（2018）第025744号

圣彼得堡冬宫博物馆

编　　著：〔意〕亚历山大・弗雷格伦特
译　　者：罗楚燕
责任编辑：李渊博
封面设计：李　莹
出版发行：内蒙古科学技术出版社
地　　址：赤峰市红山区哈达街南一段4号
网　　址：www.nm-kj.cn
邮购电话：0476-5888970
印　　刷：三河市华东印刷有限公司
字　　数：120千
开　　本：787mm × 1092mm　1/16
印　　张：10.25
版　　次：2018年1月第1版
印　　次：2023年6月第2次印刷
书　　号：ISBN 978-7-5380-2928-4
定　　价：148.00元

如出现印装质量问题，请与我社联系。电话：0476-5888926，5888917

Published by arrangement with Atlantyca S.p.A.
Original Title Ermitage San Pietroburgo
Text by Alessandra Fregolent

Photo Reference